中小學生必讀的

國語文

台北縣國民教育國語文輔導團：吳淑芳、江美華、吳惠花、忻詩婷、曾曉慧

推薦序一

語文能力是開展學習視野的基礎

語文能力是開展學習視野的基礎，紮實的本國語文基礎能力，可以厚實學生的背景知識，激發精采且多元的想像力，讓豐富的想像力成爲孩子創造力的根基；閱讀可以豐富孩子的視野，鑑古更可以知今，多讓國中小學生有機會接近古文，不僅可培養學生對中國文學的興趣，也可提升學生對精煉文字的欣賞能力。

提升學生本國語文能力一直是北縣教育的重要政策，而國民教育國語文輔導團則是推展北縣語文教育的重要團隊。該輔導團除了到校輔導與辦理語文相關研習進修外，也蒐集豐富的閱讀與作文指導策略，協助基層老師解決語文教學上所面臨到的困難，並負責推動本縣國語文能力檢測，積極協助學生建立穩固的本國語文基礎。

而這本《中小學生必讀的國語文》是台北縣國民教育國語文輔導團的團員在聯經出版公司的邀約之下，用心蒐集四十六篇具代表性的古文和現代文學，希望成爲中小學生閱讀的最佳選擇。爲了激發學生想要閱讀古文的動機和慾望，作者群發揮創造力爲篇名取了創意名稱，如

〈你知道海的天堂在哪裡嗎？〉介紹遊錫蘭島，〈到底誰抓誰？〉介紹螳螂捕蟬；在每篇的導讀中，連結到學生現在的生活經驗，如介紹朱自清的〈匆匆〉，引導學生思考在放假的日子除了看電視、玩電動和上網之外，還可以做怎樣有意義的安排？再反問學生是覺得時間過得很快，還是屬於經常喊著好無聊的人？又如介紹莊子的〈逍遙遊〉，請學生思考有用和無用之區分標準到底是什麼？這樣精心設計的「閱讀思考站」，讓學生拿到本書可以獨立閱讀，找到問題的答案，同時也掌握了閱讀該篇文章的重點和核心概念。學生不僅可以從閱讀中學習到語文知識，體認作者的寫作背景，進而願意接近古文，同時也能透過閱讀反思解決日常生活中所遇到的困難。

這是一本值得推薦的好書，適合閱讀的對象包括國小高年級和國中學生，編輯的考量希望學生能自行閱讀或全班共讀互相討論，盼望本書的出版能提升學生語文程度，並發揮應有的影響力。

臺北縣政府教育局長 潘文忠

九十四年十一月

推薦序二

重塑語文教學的新典範

自二〇〇一年開始推動的九年一貫課程，堪稱是台灣義務教育的重大變革。雖然課程具有開放、一貫、統整等諸多理想，然而缺乏通盤考量的領域統整與時數調整，卻造成師生家長對實際教學成效的諸多疑慮，其中尤以國語文爲甚。雖然《課程綱要》已明言：「語文是學習及建構知識的根柢，語文學習應培養學生靈活應用語文的基本能力，爲終生學習奠定良好基礎。」只是這樣的理想，該如何落實在既定的課程，始終缺乏明確的解答。

在此同時，海峽彼岸也積極推動義務教育的改革。其《課程標準》除了強調語文素養的形成發展之外，也明訂二百四十篇（段）的基本背誦篇數，並詳列一百二十篇參考詩文，且要求四百零五萬字以上的課外閱讀，同時建議《安徒生童話》、《伊索寓言》、《西遊記》、《水滸傳》等名著閱讀，如此的詳略之別，可見一斑。

有鑑於台灣在語文實質教育的不足，頂溪國小吳淑芳校長與台北縣國民教育國語文輔導團的成員們，共同研擬提出四十六篇囊括古典與現代的選文，合爲《中小學生必讀的國語文》一書。體例則依：課文、譯文、作者介紹、導讀，並包含閱讀思考站和語文加分區的內容，期能藉由閱讀與實作練習，逐步奠定語文能力的基礎，而如此的理念與設計，實能彌補現行課程之不足。如今大作即將付梓，可謂妙音天來，亦願觀者皆有所感，求者皆有所獲，需者皆有所得。

國立台北教育大學語文教育學系副教授　林于弘

自序

文學與生活經驗的連結

怎麼讓中小學生有機會嘗試接近古文，並在耳濡目染中喜愛中國文學呢？在講求速食文化的時代，閱讀精煉的文字其實是較省時的，但如何激發學習古文的動機和慾望，則是需要引導和鼓勵。

教改走過十年，面對教科書採審定版開放一綱多本後，發現本著讓學生快樂學習的理念下，所編輯的課本選文有簡化、淺化的趨勢，最近這幾年來到各校進行語文教學輔導或辦理相關的語文研習會上，總是聽到站在第一線的老師們對學生語文程度下降憂心忡忡，語文教學時數的減少雖是原因之一，但如何透過閱讀的指導讓學生語文能力提升是我們可以努力的。

台北縣永和市的頂溪國小有一群老師以教導人格為核心，嘗試自編教材，並大量選用文言文為文本內容，三年級的孩子認為閱讀文言文一點都不難，甚至喜愛讀古文，老師先解釋之乎也者等字的用法，並善用上下文預測與聯想，讓學生猜測句子的涵意，從閱讀古文中學習到文言文精煉文字的美，並了解其中所蘊含的人生道理，這說明引導並激發孩子對學習文言文的渴望和興趣是可行的。

現在，網路上火星文被大量使用，別字、錯字大量誤用的情況下，學生的用字遣詞已大不如前；文言文、優美的古詩詞及現代文學，是中小學生必須閱讀的國語文。因此，我們邀約對搶救國語文程度帶著使命感的台北縣國民教育國語文輔導團團員，一起為學生選擇適合閱讀的文本，希望對中國文學的喜愛能從小扎根，更希望能進一步培養學生欣賞古文的能力，並和生活經驗做連結，讓學生對文言文不會心生畏懼，不會拒絕學習，並能獨立閱讀。

在一場國中小學語文領域老師的專業對話當中，發現國中老師認爲國小老師對修辭教得不夠深入，學生也完全沒有文言文的基礎，因此，當學生進入國中時，較易出現抗拒學習文言文的情形。因此，本書的編輯希望學生在小學階段便有機會嘗試自行閱讀古文，一窺文言文的世界。透過閱讀古文及現代文學作品，從對作者的認識到瞭解寫作背景，一方面希望帶領學生行過時光隧道，走入作者當時的心境，與作者同喜同悲；另一方面希望藉由前人作品所呈現的生命經驗，幫助國中小的讀者在現在的大環境下，依然可以驗證自己的人生。

適合中小學生閱讀的古文很多，本書選文內容經作者群集思廣益確定類別爲「遊記、傳記、治學、辯論、政論、寓言、詩詞及現代文學」，選文都是原作者的代表作，特別是曾經收錄在部編本課本中值得閱讀的文本，優先納入考量，希望本書成爲老師指定的延伸閱讀，或透過家長引導學生閱讀。當然，我們也考量學生的閱讀年齡、個性和生活經驗的差異性，因此，每篇文本的導讀均連結現代生活經驗，並設計幫助讀者理解文本重要內涵的「閱讀思考站」；至於文字的解說、難字的讀音、句讀的分析，只是幫助我們對作品有初步的瞭解，因此將譯文部分放在文本之後，以避免干擾閱讀的進行。同時，爲了增加本書的趣味性和延展性，並精心設計「語文加分區」，讓讀者在閱讀中能增進語文能力，並提升語文程度。

台北縣國民教育國語文輔導團召集人　頂溪國小校長　吳淑芳

目次

1. 歲月如梭（匆匆，朱自清）／001
2. 只可意會，不可言傳（背影，朱自清）／006
3. 下酒的好點心（落花生，許地山）／014
4. 捨不得分離（再別康橋，徐志摩）／020
5. 你知道海的天堂在哪裡嗎？（遊錫蘭島，梁啓超）／026
6. 碼頭上的美（江行的晨暮，朱湘）／034
7. 快樂的小富翁（山居秋暝，王維）／040
8. 在月光下（月下獨酌，李白）／043
9. 傷心的人更傷心？（佳人，杜甫）／047
10. 眞正的好友是……（無題，李商隱）／051

11.當我們漸漸長大（浣溪沙，晏殊）／055
12.熟悉的味道（蘇幕遮，范仲淹）／058
13.我的小煩惱（水調歌頭，蘇軾）／062
14.我可以這樣介紹自己（五柳先生傳，陶淵明）／066
15.受人點滴，當泉湧以報（左忠毅公軼事，方苞）／072
16.我很棒！但是向來不被重視（徐文長傳，袁宏道）／079
17.中國第一位外科醫生（華佗傳，范曄）／087
18.女兒當自強（木蘭辭，佚名）／096
19.不固執己見（鐘莛說，歐陽修）／101
20.腦筋急轉彎（晏子使楚，晏子春秋）／105
21.用眞才實力向他人證明自己是最棒的（馮諼客孟嘗君，國策）／110
22.我終於知道你爲何不了解我（莊子秋水篇，莊子）／121
23.大自然的法則（天瑞篇，列子）／125
24.眞正遊覽山水的開始（始得西山宴遊記，柳宗元）／131
25.像電熨斗的潭（鈷鉧潭西小丘記，柳宗元）／136

26. 人心嚮往的樂土境界（桃花源記，陶淵明）／143

27. 你希望像泰山一樣生活在山中嗎？（登泰山記，姚鼎）／149

28. 衆人皆醉我獨醒（醉翁亭記，歐陽修）／156

29. 嚴重污染？（墨池記，曾鞏）／163

30. 天才？蠢才？（傷仲永，王安石）／170

31. 我到底在哪座山？（遊褒禪山記，王安石）／177

32. 我的狗窩眞可愛（陋室銘，劉禹錫）／185

33. 我的希望（座右銘，嚴遵）／189

34. 養蜜蜂的大道理（靈邱丈人，劉基）／194

35. 到底誰抓誰？（螳螂捕蟬，劉向說苑卷九正諫）／201

36. 好橘子？爛橘子？（賣柑者言，劉基）／206

37. 搬根木頭賺獎金（徙木立信，史記卷六十八商君列傳第八）／212

38. 無敵水泥工（圬者王承福傳，韓愈）／219

39. 物盡其用（逍遙遊，莊子）／227

40. 沒用的樹？（逍遙遊，莊子）／232

41. 迷信之害（永某氏之鼠，柳宗元）／237
42. 黔驢技窮（黔之驢，柳宗元）／242
43. 居安思危（臨江之麋，柳宗元）／247
44. 君子要重承諾（賈人，劉基）／252
45. 你曾擁有過什麼珍寶？（良桐，劉基）／257
46. 君子愛財，取之有道（蜀賈，劉基）／262

歲月如梭

匆匆

朱自清

燕子去了，有再來的時候；楊柳枯了，有再青的時候；桃花謝了，有再開的時候。但是，聰明的，你告訴我，我們的日子爲什麼一去不復返呢？——是有人偷了他們罷；那是誰？又藏在何處呢？是他們自己逃走了罷；現在又到了那裡呢？

我不知道他們給了我多少日子；但我的手確乎是漸漸空虛了。在默默裡算著，八千多日子已經從我手中溜去；像針尖上一滴水滴在大海裡，我的日子滴在時間的流裡，沒有聲音，也沒有影子。我不禁汗涔涔①而淚潸潸②了。

①汗涔涔：汗水下滴的樣子。

②淚潸潸：流淚的樣子。

去的儘管去了，來的儘管來著；去來的中間，又怎樣地匆匆呢？早上我起來的時候，小屋裡射進兩三方斜斜的太陽。太陽他有腳啊，輕輕悄悄地挪移了；我也茫茫然跟著旋轉。於是——洗手的時候，日子從水盆裡過去；喫飯的時候，日子從飯碗裡過去；默默時，便從凝然的雙眼前過去。我覺察他去的匆匆了，伸出手遮挽時，他又從遮挽著的手邊過去。天黑時，我躺在床上，他便伶伶俐俐地從我身上跨過，從我腳邊飛去了。等我睜開眼和太陽再見，這算又溜走了一日。我掩著面嘆息。但是新來的日子的影兒又開始在嘆息裡閃過了。

在逃去如飛的日子裡，在千門萬戶的世界裡的我能做些什麼呢？只有徘徊罷了。只有匆匆罷了；在八千多日的匆匆裡，除徘徊外，又賸些什麼呢？過去的日子如輕煙，被微風吹散了，如薄霧，被初陽蒸融了；我留著些什麼痕跡呢？我何曾留著像游絲樣的痕跡呢？我赤裸裸來到這世界，轉眼間也將赤裸裸的回去罷？

但不能平的，爲什麼偏白白走這一遭啊？

你聰明的，告訴我，我們的日子爲什麼一去不復返呢？

作者介紹

朱自清（西元一八九八～一九四八年）字佩弦，浙江紹興人，是現代散文家和詩人。朱自清本名自華，號秋實，是民初「五四」時期文學研究會的中堅人物，早年以新詩成名，後來漸漸轉向散文創作，〈背影〉與〈槳聲燈影裡的秦淮河〉是他的代表作，多寫個人的經歷和感想。他的藝術特點是：㈠觀察精細、描述自然、景物情景交融。㈡結構嚴謹、清新簡約。㈢語言優美、善於比喻和運用聯想。

導讀

小朋友在放假的日子除了看電視、玩電動和上網之外，你是怎麼度過你的一天呢？你覺得時間過得很快，還是你經常喊著好無聊呢？你是否曾經看著時鐘，等待重要時刻的來臨？大部分的小朋友都希望自己快快長大，可以自主的安排自己的時間，而不用老是在媽媽的催促聲中做這個、做那個，好煩喔！

一篇文章如果平鋪直敘，容易使人厭倦，但如果採用設問或反問，可以引起別人的懸念，以製造文章的變化。因此，作者一開始先有一段敘述，然後再進行設問，詢問聰明的人，爲什麼日子一去不復返？這麼寫可以引發我們去思考問題，接著對過去八千多個日子驚覺時光已逝，而有所感傷。於是重新思索他一天怎麼過的，從早上起床觀察日影移動，到洗手、吃飯、伸出手，直到天黑躺在床上睡覺和太陽說再見時，善用擬人法、譬喻法與時間對話，並對一天的溜走而嘆息，充分將平常的例行公事，轉化爲美麗的辭藻，說出時間的匆匆，當你留意時間的存在時，時間是一直在和你說話的。最後，提醒你必須珍惜現在的時刻，讓走過的留下痕跡，而不是等到老了才後悔傷心呢！

閱讀思考站

1. 作者爲什麼對八千多個日子的逝去，汗涔涔而淚潸潸呢？
2. 用一張紙寫下來你一天是怎麼過的，你花了多少時間做些什麼事？
3. 請說出作者用了哪些譬喻法及擬人法，描述時間的快速溜走。

4.看完本文請說出從小到現在，生活中讓你懷念的事是什麼？

語文加分區

1.字句重複在修辭學上稱為類比法，也就是同類排比的意思，請讀一讀下面的句子，並仿作。

燕子去了，有再來的時候；楊柳枯了，有再青的時候。

柔柔的風，淡淡的雲。淙淙泉水，絲絲細雨。

寒風呼呼的吹，冷雨颼颼的下。

2.以形容時間的成語，造一完整的句子

光陰似箭——

韶光易逝——

歲月如梭——

一寸光陰一寸金——

只可意會，不可言傳

背影

朱自清

我與父親不相見已二年餘了，我最不能忘記的是他的背影。

那年冬天，祖母死了，父親的差使也交卸了，正是禍不單行的日子，我從北京到徐州，打算跟著父親奔喪回家。到徐州見著父親，看見滿院狼藉的東西，又想起祖母，不禁簌簌地流下眼淚。父親說，「事已如此，不必難過，好在天無絕人之路！」

回家變賣典質，父親還了虧空；又借錢辦了喪事。這些日子，家中光景很是慘澹，一半爲了喪事，一半爲了父親賦閒。喪事完畢，父親要到南京謀事，我也要回北京念書，我們便同行。

到南京時，有朋友約去遊逛，勾留了一日，第二日上午便須渡江到浦口，下午上車北去。父親因爲事忙，本已說定不送我，叫旅館裡一個熟識的茶房陪我同去。他再三囑咐茶房，甚是仔細。可他終於不放心，怕茶房不妥帖；頗躊躇①了一會。其實我那年已二十歲，北京已來往過兩三次，是沒有甚麼要緊的了。他躊躇了一會，終於決定還是自己送我去。我兩三回勸他不必去；他只說：「不要緊，他們去不好！」

我們過了江，進了車站。我買票，他忙著照看行李。行李太多，得向腳伕行些小費，才可過去。他便又忙著和他們講價錢。我那時眞是聰明過分，總覺他說話不大漂亮，非自己插嘴不可，但他終於講定了價錢；就送我上車。他給我揀定了靠車門的一張椅子；我將他給我做的紫毛大衣鋪好座位。他囑我路上小心，夜裡要

①躊躇：猶豫不決。

警醒些，不要受涼。又囑託茶房好好照應我。我心裡暗笑他的迂；他們只認得錢，託他們直是白託！而且我這樣大年紀的人！難道還不能料理自己嗎？唉，我現在想想，那時眞是太聰明了！

我說道：「爸爸，你走吧。」他望車外看了看，說：「我買幾個橘子去，你就在此地，不要走動。」我看那邊月臺的柵欄多有幾個賣東西的等著顧客。走到那邊月臺，須穿過鐵道，須跳下去又爬上去。父親是一個胖子，走過去自然要費事些。我本來要去的，他不肯，只好讓他去。我看見他戴著黑布小帽，穿著黑布大馬褂，深青布棉袍，蹣跚②地走到鐵道邊，慢慢探身下

---

②蹣跚：走路一瘸一拐的。

去，尚不大難。可是他穿過鐵道，要爬上那邊月臺，就不容易了。他用兩手攀著上面，兩腳再向上縮；他肥胖的身子向左微傾，顯出努力的樣子。這時我看見他的背影，我的淚很快地流下來了。我趕緊拭乾了淚，怕他看見，也怕別人看見。我再向外看時，他已抱了朱紅的橘子望回走了。過鐵道時，他先將橘子散放在地上，自己慢慢爬下，再抱起橘子走。到這邊時，我趕緊去攙他。他和我走到車上，將橘子一股腦兒放在我的皮大衣上。於是撲撲衣上的泥土，心裡很輕鬆似的。過一會說，「我走了，到那邊來信！」我望著他走出去。他走了幾步，回過頭看見我，說：「進去吧！裡邊沒人。」等他的背影混入來來往往的人叢裡，再找不著了，我便進來坐下，我的眼淚又來了。

近幾年來，父親和我都是東奔西走，家中光景是一日不如一日。他少年出外謀生，獨力支持，做了許多大事。那知老境卻如此頹唐！他觸目傷懷，自然情不自己。情鬱於中，自然要發之於外；家庭瑣屑便往往觸他之怒。他待我漸漸不同往日。但最近兩年的不見，他終於忘卻我的不好，只是惦記著我，惦記著我的兒子。我北來後，他寫了一信給我，信中說道：「我身體平安，惟膀子疼痛厲害，舉箸③提筆，諸多不便，大約大去之期不遠矣。」我讀到此處，在晶瑩的淚光中，又看見那肥胖的，青布棉袍，黑布馬褂的背影。唉！我不知何時再能與他相見！

十月在北平

③箸：筷子。

作者介紹

朱自清（西元一八九八～一九四八年）字佩弦，浙江紹興人，是現代散文家和詩人。朱自清本名自華，號秋實，是民初「五四」時期文學研究會的中堅人物，早年以新詩成名，後來漸漸轉向散文創作，〈背影〉與〈槳聲燈影裡的秦淮河〉是他的代表作，多寫個人的經歷和感想。他的藝術特點是：一、觀察精細、描述自然、景物情景交融。二、結構嚴謹、清新簡約。三、語言優美、善於比喻和運用聯想。

導讀

這是一篇用最通俗的語言、高明的倒敘寫作手法，描繪出父子之間的感人畫面。作者開門見山的用第一人稱的語氣，道出兩年來未見父親，而「最不能忘記的是他的背影」，製造了「懸疑」，引起讀者的好奇心，讓讀者想要一窺究竟。作者在第一自然段提到「背影」之外，便沒有再提到「背影」，而使讀者著急萬分，一直到第六段才再出現，本文的主旨也在此段中出現。時間是發生在作者離開南京到北京大學去，父親送他到浦口車站（地點），照料他上車並替他買橘子的情形。在作者印象中最深刻的，是他父親替他買橘子時，那年老、肥胖、遭受失業、喪母、雙重打擊而心靈孤寂的父親，冒著生命的危險，在月台爬上攀下時的背影。

本文一共分為七個自然段，首先描述父親面對生活上的打擊，仍以一句「好在天無絕人之路」點出父親的積極人生觀。其次，描述作者雖然已經二十歲，但在父親眼中仍是個孩子，當作者把父親為他做的紫毛大衣鋪在座位上以避免受涼，對照父親所穿的布料棉袍，顯示父親多麼愛他。想想看你自己的父母親是不是也都把最好的留給你呢？俗話說：「天下父母心」，父母為子女的付出是不求回報的，當父親很吃力的竭盡所能為作者買到橘子後，因為確信他為子女所做都是好的，而表現出卸下重擔後的輕鬆。末段，作者和父親聚少離多，更加了解並體會父親一生為家中的付出，而如今年老體衰，卻仍透過信件牽掛著子女甚至孫子，這份永不變的親情，正是作者感受最深又再度流淚的原因啊！

本文的生動感人，在於作者以簡短的對話及樸實的細緻描述，點出一個父親對子女濃濃的愛，讀者從文中可看見一幕幕戲劇性的演出，讓你陪著作者掉淚，你是否也記起父親和你相處的點滴呢？

閱讀思考站

1. 請至少說出三個作者不能忘記父親的背影的原因。
2. 在第五段自然段中，作者為什麼暗笑父親的迂？

3. 作者在本文中，一共在幾個場景中流下眼淚？爲什麼？

4. 請你仔細觀察你爸爸做一件事的背影，並試著對他說出你的感受和感謝是什麼？

語文加分區

1. 生活名句「天無絕人之路」：在九二一大地震中，許多家庭不僅在一剎那間房屋全毀、家產全無，甚至親人死亡，家中只剩幼兒一名，幸而天無絕人之路，藉著各方善心人士的協助，這個孩子得到愛心人士收養，目前已順利進入小學就讀，各項的適應都良好。

2. 流眼淚：「淚」的本字像淚水從眼中流個不停，現在淚是從「水」部，從「戾」聲。本文中作者在感動之處便流淚，可見流淚可能是傷心、難過、感動，也可能是喜極而泣喔！誰說男兒有淚不輕彈，下次難過時讓自己痛快的哭一哭，哭完便會有更多的明白和體會。運用你的智慧填空：有血有（　）、（　）如泉湧、（　）如雨下、（　）眼婆娑、（　）眼汪汪。

下酒的好點心

落花生

許地山

我們屋後有半畝隙地。母親說：「讓它荒蕪著怪可惜，既然你們那麼愛吃花生，就闢來做花生園罷。」我們幾姊弟和幾個小丫頭都很喜歡——買種底買種，動土底動土，灌園底灌園；過不了幾個月，居然收穫了！

媽媽說：「今晚我們可以做一個收穫節，也請你們爹爹來嘗嘗我們底新花生，如何？」我們都答應了。母親把花生做成好幾樣底食品，還吩咐這節期要在園裏底茅亭舉行。

那晚上底天色不大好，可是爹爹也到來，實在很難得！爹爹說：「你們愛吃花生麼？」

我們都爭著答應：「愛！」

「誰能把花生底好處說出來？」

姊姊說：「花生底氣味很美。」

哥哥說：「花生可以製油。」

我說：「無謂何等人都可以用賤價買它來吃，都喜歡吃它。這就是它底好處。」

爹爹說：「花生底用處固然很多，但有一樣是很可貴的。這小小的豆不像那好看的蘋果、桃子、石榴，把他們底果實懸在枝上，鮮紅嫩綠的顏色，令人一望而發生羨慕底心。他只把果子埋在地底，等到成熟，才容人把它挖出來，你們偶然看見一顆花生瑟縮地長在地上，不能立刻辨出它有沒有果實，非得等到你接觸它才能知道。」

我們都說：「是的。」母親也點點頭。爹爹接下去說：「所以你們要像花生，因爲他是有用的，不是偉大、好看的東西。」我說：「那麼，人要做有用的人，不要做偉大、體面的人了。」爹爹說：「這是我對於你們底希望。」

我們談到夜闌才散，所有花生食品雖然沒有了，然而父親底話現在還印在我心版上。

作者介紹

許地山（西元一八九三～一九四一年）是一位現代作家、學者，筆名落花生。祖籍是廣東揭陽，生於台灣台南一個愛國志士的家庭裡。一九一七年考入燕京大學，曾積極參加五四運動，合辦《新社會》旬刊。一九二三～一九二六年在美國哥倫比亞大學研究院和英國牛津大學研究宗教史、哲學、民俗學等。一九二七年起任燕京大學教授、《燕京學報》編委，並在北京大學、清華大學兼課。抗日戰爭開始後，爲抗日救國事業奔走呼號，展開各項組織和教育工作，後終因勞累過度而病逝。

許地山於一九二一年發表第一篇小說〈命命鳥〉，接著又發表了前期代表作小說〈綴網勞蛛〉和具有樸實淳厚風格的散文名篇〈落花生〉。他的早期小說取材獨特，情節奇特，想像豐富，充滿浪漫氣息，表現出濃郁的南國風味和異域情調，執著於探索人生的意義。二〇年代末以後所寫的小說，保持著清新的格調，著重對群眾切實的描寫和對黑暗現實的批判，創作雖不豐富，但在文壇上卻獨樹一格。

導讀

長得白白胖胖的，滿身都是網紋，分成兩節或三節，香香的很好吃，你猜猜看是什麼呢？對！案就是「落花生」。落花生台灣話俗稱「土豆」，小朋友都愛吃，但我猜，你不見得看過它的生長過程，它適合種在貧瘠鬆軟的沙土裡，向地下生根，向地上長莖生葉，果實可是長在地下的，沒有把它挖出來，也不知它長得如何呢！

這是一篇出生台灣的中國散文家許地山筆下的散文，淺顯易懂，卻充滿生命的哲理與寓意。值得你回味再三的閱讀。文中從家中半畝地荒廢可惜，引發全家利用土地成為花生園。媽媽和幾個小蘿蔔頭一起享受栽種的樂趣；幾個月後，居然收成了，而全家邀請爸爸一起過收穫節。以落花生為象徵，藉著家庭聚會，對話中充滿寓意及作者的人格突顯，並點出父親對子女的期望，對話中不說教，卻對作者影響深遠。文中呈現溫馨的家園、種花生的經驗、對落花生的認識及對生長在土裡果實的寓意，引出須做個有用的人，而不是只看重表面的偉大和體面。

閱讀思考站

1. 爸爸眼中的落花生美德是什麼？而吃花生情景影響作者的又是什麼？
2. 你覺得父親的話對作者的期望是什麼？
3. 看完本文至少說出三項你學習到的心得。
4. 想想你和家人的互動當中，父母對你的期望是什麼？

語文加分區

1. 比一比哪裡不一樣，並造一個詞

(1)落——【　　　　】
(2)洛——【　　　　】
(3)絡——【　　　　】
(4)烙——【　　　　】
(5)酪——【　　　　】

2. 請說出下列這些植物所代表的個性

(1)松樹——

(2)梅花——

(3)蓮花——

(4)菊花——

捨不得分離

再別康橋①

徐志摩

輕輕的我走了，
正如我輕輕的來；
我輕輕的招手，
作別西天的雲彩。
那河畔的金柳，
是夕陽中的新娘；
波光裡的豔影，
在我的心頭蕩漾。
軟泥上的青荇②，
油油③的在水底招搖；

①康橋：位於倫敦北方八十公里，在康河東岸，以康橋大學（劍橋大學）聞名於世。

②青荇：水草名，多年生草木，葉形如圓心，表面綠色，背面紫色，浮在水面上，開黃色的花。

③油油：光亮潤澤的樣子。

在康河的柔波裡，
我甘心做一條水草！
那榆④蔭下的一潭，
不是清泉，是天上虹，
揉碎在浮藻間，
沉澱著彩虹似的夢。
尋夢？撐一支長篙⑤，
向青草更青處漫溯⑥，
滿載一船星輝，
在星輝斑斕⑦裡放歌。
但我不能放歌，

---

④榆：植物名，落葉喬木，花色淡綠，易栽培。
⑤篙：用來撐船的竹子。
⑥漫溯：隨意的將船撐向上游逆流前進。
⑦斑斕：指星光燦爛。

悄悄是別離的笙簫⑧；
夏蟲也爲我沉默，
沉默是今晚的康橋！
悄悄的我走了，
正如我悄悄的來；
我揮一揮衣袖，
不帶走一片雲彩。

⑧笙簫：都是樂器名，此處代稱音樂。

作者介紹

徐志摩生於西元一八九六年，原名章垿，浙江省海寧縣人。曾就讀北京大學，民國七年二十二歲時赴美留學，二十五歲由美赴英，進入劍橋大學就讀，開始研究文學。民國十一年任教於北京大學，並兼任晨報副刊編輯，同時創設新月社。他既具備中國古典文學的素養，也兼融西洋文學的長處，所做的新詩、散文，抒情眞摯，造境深刻，作品合編爲《徐志摩全集》。一生的婚姻及感情生活豐富，徐志摩二十歲時奉家人之命和張幼儀結婚於硤石，二十七歲協議離婚。二十五歲時在英國劍橋認識十七歲的林徽音，二十九歲認識北京名媛——陸小曼並結婚，新月詩社也在此時成立。三十六歲搭飛機撞山過世。

導讀

這首詩共分爲七段，每段四句，每句字數相近，視覺上形式整齊。像古詩一樣二、四句最後一字都押韻，用來渾然天成，音色諧美。首尾兩段文字只稍做改變，像音樂的ＡＢＡ首尾合一的格式。本詩一開始以過客形容自己悄悄的來，輕輕的走；然後以景物爲主，從日落到星光斑斕，河畔夕陽下的金柳樹、水中的雲影、水底的青荇、如虹的潭水，使作者渴望成爲水中的小草，永遠躺在康河的懷裡。接著，又以景物抒發感情和寓意，泛舟向青草處象徵爲尋夢而來，滿載一船星輝，象徵已在劍橋圓夢。

你是否曾經爲了要離開一個特別值得留戀的地方而難過呢？離別是人的一生當中經常會碰到的事，轉學、搬家、畢業……很多的事件，讓我們不得不面對分離，而這篇文章是浪漫多情的詩人，離別康橋時連西天的雲彩都令他依戀。

徐志摩曾經在劍橋大學遊學兩年，這段美好歲月是他人生的轉捩點。康橋是他永遠依戀的故鄉。作者在民國十一年揮別康橋之前，寫了〈康橋再會吧〉這首詩，又寫散文〈我所知道的康橋〉，表達對康橋的眷戀。民國十七年重遊康橋，在歸國的輪船中寫下這首深情優美的傳世之作。

你的夢想是什麼？夢想的實現、希望相隨，是最開心的事。但高興之後想到現實面，即將離別，曾經美好的歲月和眼前的美景，沉默的康河和作者情景交融、物我合一，情深處，轉為清淡，末段「我揮一揮衣袖，不帶走一片雲彩」，呈現作者深情而瀟灑的獨特風格。

閱讀思考站

1. 和好朋友分享這首詩你最喜歡哪一段？為什麼？
2. 你覺得全詩最大的意境在抒發什麼？
3. 請你也試著寫一首描述離別的詩。

語文加分區

1. 請用下面的詞寫一篇短文。「招手」、「雲彩」、「夕陽」、「尋夢」、「星輝」、「別離」。

2. 猜字遊戲

三個虫是【　　　】

三個金是【　　　】

三個口是【　　　】

三個日是【　　　】

遊錫蘭島

梁啟超

好幾年沒有航海，這次遠遊，在舟中日日和那無限的空際相對，幾片白雲，自由舒捲，找不出它的來由和去處。晚上滿天的星，在極靜的境界裡頭，兀自①不歇的閃動。天風海濤，奏那微妙的音樂，侑②我清睡。日子很易過，不知不覺到了哥倫波③了。

哥倫波在楞伽島④，這島土人叫它做錫蘭。我佛世尊，曾經三度來這島度人，第三次就在島中最高峰上，說了一部《楞伽》大經。相傳有許多眾生，天咧，人咧，神咧，鬼咧，龍咧，夜叉⑤咧，阿乾闥⑥咧，阿修

---

①兀自：還是、尚自。

②侑：在席上勸人喝酒叫侑酒。

③哥倫波：翻譯作「可倫坡」。位於錫蘭島的西南海岸是斯里蘭卡的首都。「可倫坡」意指「海的天堂」。鎮日擁抱海洋的城市，是斯里蘭卡的臨海之門。

④楞伽島：在印度南海邊的地方，有一座山叫作楞伽山。這座山很高，懸崖山谷都非常險峻，但很優勝。釋迦牟尼佛就在這一座山講楞伽經，所以楞伽經就是以這座山楞伽山來立名的。楞伽翻譯成中文爲不可往、不可以進入的

羅⑦唎，都跟著各位菩薩阿羅漢在那裡圍繞敬聽。大慧菩薩問了一百零八句偈，世尊句句都把一個非字答了，然後闡發識流性海⑧的眞理。後來這部經入中國，便成了禪宗寶典。

我們上岸遊山，一眼望見對面一個峰，好像四方城子，土人都是四更天拿著火把爬上去禮拜，那就是世尊說經處了。山裡頭有一所名勝，叫做坎第。我們雇輛汽車出遊，一路上椰子檳榔，漫山遍谷，那葉子就像無數的彩鳳，迎風振翼。還有許多大樹，都是蟠著龍蛇偃蹇⑨的怪藤，上面有些瑣碎的高花，紅如猩血。經過好幾處的千尋大壑，樹都滿了，望下去就像汪洋無際的綠

地方。我佛世尊，佛陀曾三次往訪錫蘭島。

⑤夜叉：專門會吃人的鬼。

⑥阿乾闥：即乾闥婆，又作尋香神、樂神、執樂天。八部衆之一。傳說不食酒肉，唯以香氣爲食。

⑦阿修羅：是八部衆之一。意爲非天。原爲古印度神話中的惡神，常與忉利天交戰。在佛教中認爲雖屬天界，但無天人的德行，性情諂詐，所以稱非天。

⑧識流性海：「識」，即佛教唯識學所指之「八識」，分別說明身心之情識作用等。「性」即佛法中之「自性」，亦即眞如空性。識流性海爲《楞伽經》的主要經義，即空有合一的境界。

⑨偃蹇：屈曲。

海。沿路常常碰著些大象，像位年高德劭⑩的老先生規行矩步的從樹林裡大搖大擺出來。我們渴了，看見路旁小瀑布，就去舀水吃，卻有幾位黝澤可鑒⑪的美人，捧著椰子，當場剖開，翠袖殷勤，對我們飲椰乳。劉子楷新學會照相，不由分說，把我們和「張黑女碑」照在一個鏡子裡了，他自己卻逍遙法外。走了差不多四點鐘，到坎第了。原來這裡拔海已經三千尺，在萬山環繞之中，瀦⑫出一個大湖。湖邊有個從前錫蘭土酋的故宮，宮外便是臥佛寺。黃公度有名的錫蘭島臥佛詩，詠的就是這處。

從前我們在日本遊過箱根⑬日光的湖，後來至瑞士，遊過勒蒙四林城的湖，日本的太素，瑞士的太麗，

---

⑩年高德劭：指年紀大而有德望。

⑪黝澤可鑒：形容對方皮膚色澤黑亮，如鏡般光潔照人。

⑫瀦：蓄積、積聚。

⑬箱根：位於日本本州島東南部，瀕箱根湖。風景優美，以溫泉著名，為日本有名的遊憩地。

說到湖景之美，我還是推坎第。它還有別的緣故，助長起我們美感；第一件，它是熱帶裡頭的清涼世界，我們在山下，揮汗如雨，一到湖畔，忽然變了春秋佳日。第二件，那古貌古心的荒殿叢祠，喚起我們意識上一種神秘作用，像是到了靈境了。

我們就在湖畔宿了一宵，那天正是舊曆臘月十四，差一二分未圓的月浸在湖心，天上水底兩面鏡子對照，越顯出中邊瑩澈。我們費了兩點多鐘，聯步繞湖一匝⑭。蔣百里說道：「今晚的境界，是永遠不能忘記的。」我想眞是哩！我後來到歐洲，也看了許多好風景，只是腦裡的影子，已漸漸模糊起來，坎第卻是時時刻刻整個活現哩。

---

⑭匝：量詞。計算環繞圈數的單位。

中間有一個笑話，我們步月，張君勱碰著一個土人，就和他攀談。談什麼呢？他問那人：你們爲什麼不革命，鬧得那人瞠目不知所對。諸君評一評：在這種瀟灑出塵的境界，腦子裡還是裝滿了政治問題，天下有這種殺風景⑮的人嗎？

閒話休提，到晚上三更，大衆歸寢，我便獨自一個，倚欄對月，坐到通宵，把那記得的楞伽經默誦幾段，心境的瑩澄開曠，眞是從未曾有。天亮了，白雲蓋滿一湖。太陽出來，那雲變了一條粗練，界破山色，眞個是「只好自怡說，不堪持贈君」⑯哩。

程期煎迫，匆匆出山，上得船來，離拔錨只得五分鐘了。

---

⑮殺風景：使美景大爲減色。比喻俗而傷雅，使人敗壞興致。

⑯只好自怡說，不堪持贈君：詩出南北朝・陶宏景的〈詔問山中何所有賦詩以答〉：「山中何所有，領上多白雲，只可自怡悅，不堪持贈君。」

作者介紹

梁啓超（西元一八七三～一九二九年），字卓如，號任公、別號飲冰室主人，廣東省新會人。是位思想家、學者與作家。自幼聰慧過人，六歲時便讀完四書，八歲讀完五經。十七歲中舉。與師康有為一起發動戊戌變法；變法失敗後，流亡日本，政治思想上逐漸趨於保守，他是近代文學革命運動的理論倡導者。他一生熱愛國家民族，清朝末年提倡女權，反對女子纏足，他認為近代「德育範圍太籠統，體育範圍太狹隘」，指出健全的教育應含知、情、意三部分，三者並重，才是圓滿的教育。他的散文議論縱橫、氣勢磅礴，筆端常帶感情，極富鼓動性，善用一連串比喻、排比等修辭手法，行文一瀉千里。著有《變法通議》、《清代學術概論》、《歐遊心影錄》等，作品甚多。並有《飲冰室合集・文集》與《飲冰室合集・專集》行世。

導讀

本文記錄了梁啓超和友人劉子楷、蔣百里等人，遊覽錫蘭島的坎第湖及卧佛寺的心得，其中談到在湖畔夜遊的經歷、與當地原住民的有趣對話，分享彼此不同的體會。也可從其中看出作者的國家意識和人生態度。

梁啓超剛抵錫蘭島，就想到「我佛世尊」，從這裡可看出他對佛教的信仰，他一生倡導革命，是個實事求是之人。他提到友人張君勱跟土人對話，滿口政治而蠻殺風景。在美景當前，就要認眞地感受美景，怎麼去做違背美景的表現呢？所以梁啓超總能把握當下，利用生命做最有意義之事，才能成就輝煌的生命經歷，留給後人無限的追思。此文撰寫距今約一世紀，當你讀到梁啓超倚欄對月，坐到通宵的情形，是否感受到了「文學永恆」的說法呢？那夜那月，是令人難忘的。

閱讀思考站

1. 請和同學在地圖上找出錫蘭島的位置、首都哥倫波及坎第湖在哪裡？
2. 本文中梁啓超和友人上岸遊山，進到名勝坎第湖，沿途中運用哪些譬喻形容所見的風景？
3. 請說說看作者的宗教信仰如何影響他的做人處世、個性及修養。
4. 文中提到作者曾經遊過哪些國家的湖？請說說看他爲什麼最喜歡坎第湖？
5. 作者在湖畔住了一晚，獨自一人對著月亮坐到通宵，背誦《楞伽經》，你猜他心中的體會是什麼？

語文加分區

1. 成語加油站

年高德劭：年紀大而又品德美好。「劭」是美好的意思。

【例句】我們這棟大樓如果有爭議事件，都會請年高德劭的徐伯伯出面排解。

逍遙法外：不受法律約束

【例句】自從兒童保護法頒布後，家庭暴力或虐兒事件的人都不能逍遙法外。

2. 文字加一加（這些字都在文章裡喔）

水＋豬＝（　　）

水＋暴＝（　　）

水＋羊＝（　　）

水＋胡＝（　　）

水＋（　　）＝漫

水＋（　　）＝渴

水＋（　　）＝浸

江行的晨暮

朱湘

美在任何的地方，即使是古老的城外，一個輪船碼頭的上面。

等船，在划子①上，在暮秋夜裡九點鐘的時候。有一點冷的風。天與江，都暗了；不過，仔細的看去，江水還浮著黃色。中間所橫著的一條深黑，那是江的南岸。

在眾星的點綴裡，長庚星閃耀得像一盞較遠的電燈。一條水銀色的光帶晃動在江水之上。看得見一盞紅色的漁船。

①划子：指小船

岸上的房屋是一排黑的輪廓。一條躉②船在四五丈以外的地點。模糊的電燈，平時令人不快的，在這時候，在這條躉船上，反而，不僅是悅目，簡直是美了。在它的光圍下面，聚集著一些人形的輪廓。不過，並聽不見人聲，像這條划子上這樣。忽然間，在前面江心裡，有一些黝黯的帆船順流而下，沒有聲音，像一些巨大的鳥。

一個商埠旁邊的清晨。

太陽升上了有二十度；覆碗的月亮與地平線還有四十度的距離。幾大片鱗雲粘在淺碧的天空裡；看來，雲好像是在太陽的後面，並且遠了不少。

---

②躉：成批的意思，如躉賣。

山嶺披著古銅色的衣，褶痕是大有畫意的。

水汽騰上有兩尺多高。有幾隻肥大的鷗鳥，牠們，在陽光之內，暫時的閃白。

月亮是在左舷的這邊。

水汽騰上有一尺多高；在這邊，它是時隱時顯的。在船影之內，它是看不見了。

顏色十分清潤的，是遠洲上的列樹，水平線索的帆船。

江水由船邊的黃到中心的鐵青到岸邊的銀灰色。有幾隻小輪在噴吐著煤煙：在煙囪的端際，它是黑色；在船影裡，淡青，米色，蒼白；在斜映著的陽光裡，棕黃。

清晨時候的江行是色彩的。

作者介紹

朱湘（西元一九〇四～一九三三年），字子沅，安徽太湖人，三十歲時投江自盡，是新月派的重要詩人之一。朱湘的長詩如〈貓誥〉、〈王嬌〉、〈還鄉〉等，當時頗引起文學界的重視。他翻譯了不少英國小說和世界名詩，後來分別成書爲《近代英國小說集》和《番石榴集》，均由商務出版。他的詩集有《夏天》、《草莽集》、《石門集》，還有一本譯詩集《若木華集》，大都選譯自《金庫》，爲他的遺稿之一，未曾出版。朱湘對我國新詩多方面的貢獻，讀他的〈雨〉、〈柳浪聞鶯〉、〈一個省城〉這些詩，不難發覺朱湘獨創的那種「印象」的風格，這種白描式的表現手法，顯示了我國較後期新詩的某些傾向。

導讀

本文是描寫清晨時候江行的顏色變化，作者以細膩的「烘托」手法去描寫古老城外，一個輪船碼頭的上面，不同時間，美，展現在不同的事物上。這是利用光影、色彩把所要描繪的東西呈現出來，使它非常的突出、鮮明，給予讀者極深刻的印象。有時爲了達到某種要求，又故意使它模糊朦朧，讓讀者透過想像後，接受更強烈的激發，達到暗示的目的。從夜裡的九點等船時刻，在衆星點綴中，江的南岸、岸上的房屋鮮明可見。夜裡，遠遠的躉船，因爲時空的不同，沉靜中有它的靜穆之美。而一艘艘的帆船順流而下，借用譬喻的手法，像巨大的鳥。

在清晨時刻，月亮、雲朵、太陽彼此交會的美景，像個多層次的攝影技巧，讓人有無限想像的空間。「山嶺披著古銅色的衣，摺痕是大有畫意的」以擬人的手法，看見大自然的美景。船雖是主體，透過周邊江水的顏色變化，因為有旁邊的陪襯物，而使船的身影烘托的更加迷人。

這樣一篇精采的描寫文，不僅景物令人深刻，抒情更是動人，想像豐富，行文流暢，背景的烘托陪襯，意境的活潑鮮明，如果小朋友要學習，需要多加練習觀察力，並多讀名作及運用你的想像力，讓自己多發現大自然的美。

閱讀思考站

1. 說說看本文中共分為幾個自然段？並試著找出意義段。
2. 本文中美無所不在，你最喜歡哪段的描寫？為什麼？
3. 請說說看本文中要呈現的主體物是什麼？
4. 請你運用烘托的寫法，描寫你清晨上學的狀況。

語文加分區

1. 認識「足」部首的字（加一加，並造一個詞）

萬＋足＝（　　）。【躉賣】

責＋足＝（　　）。【　　】

翟＋足＝（　　）。【　　】

從＋足＝（　　）。【　　】

2. 接龍遊戲

帆船—船頭—【　　】—【　　】—【　　】

江水—水汽—【　　】—【　　】—【　　】

蒼白—白天—【　　】—【　　】—【　　】

鱗雲—雲氣—【　　】—【　　】—【　　】

山居秋暝①

王維

空山新雨後，天氣晚來秋。
明月松間照，清泉石上流。
竹喧歸浣女②，蓮動下漁舟。
隨意春芳③歇，王孫④自可留。

①暝：ㄇㄧㄥˊ，光線昏暗。即幽暗的意思。
②浣：（又讀ㄏㄨㄢˇ）洗滌。浣女：指洗衣服的婦女們。
③春芳：指春天的青草。
④王孫：貴族子弟。

譯文

空蕩的山中剛下了一場雨，到傍晚時，天氣清涼，增添了許多秋意。皎潔的月光映照松林間，清澈的泉水潺潺地流過溪石。從竹林裡傳來一陣聲響，原來是洗完衣服的婦女回來了，蓮葉不停的搖動著，因爲漁夫們正將小舟推入河中捕魚呢！儘管春天的芳草到了秋天很容易就乾枯了，但是這兒的秋景很美，在外出遊的貴族弟子們，儘可以在此居留啊！

作者介紹

王維，字摩詰，王維的一生，經歷過開元的太平盛世，王維早年所做的詩，積極進取，充滿英雄氣概和愛國熱情；中年以後，作品以山水田園爲主，流露出閒居生活的平淡情趣，意境悠遠。王維是盛唐詩人的代表，這不僅由於他的詩歌具有盛唐詩歌各方面的特色，其畫作特多詩意，隱居山林，詩裡隱隱透露出田園的恬靜閒適的樂趣，以及做人處事的禪機，被世人稱譽爲「詩佛」。又因爲他描寫的田園山水詩，細膩生動，蘇軾稱其詩爲「詩中有畫，畫中有詩」，可以推許爲田園山水詩人中成就最高的一個。

導讀

你是否曾仔細欣賞下雨過後的情景？想像在秋天的晚上，剛剛下過一場雨，經過雨水的洗滌，涼風吹來，讓人覺得舒暢。當我們和大自然一同呼吸，一同感受大自然所給予的健康能量，可以忘卻不愉快的事情。

一件事情之所以會發生，都有它善意的安排，換句話說，一面有陰影，但是背後卻一直跟著陽光。當天空下著雨，你是抱怨地上的泥濘，還是等待雨後的七色彩虹？漆黑的夜裡，你是畏縮在屋中一角，還是走出屋外仰望滿天的星星？我們對事物的看法，會在不知不覺中影響我們和周遭人的相處，觀念與看法眞的很重要，想想你夠樂觀嗎？

一個人的時候，你是覺得孤單寂寞，還是找到了寧靜角落？你要當一個快樂的小富翁，還是沮喪的小乞丐？笑臉反映在我們的臉上，也輝映在心底，當人開心了，陽光會一直對著我們微笑……。

閱讀思考站

1. 你是一個樂觀的人嗎？請寫下你的樂觀態度。
2. 如何才能成爲快樂的小富翁？

語文加分區

人生要能看得開，才能走得遠；要能恬淡，才能豁達。

面向陽光即看不見陰影。（海倫・凱勒）

月下獨酌

李白

花間一壺酒，獨酌①無相親。
舉杯邀明月，對影成三人②。
月既③不解④飲，影徒⑤隨我身。
暫伴月將⑥影，行樂須及春⑦。
我歌月徘徊⑧，我舞影零亂⑨。
醒時同交歡⑩，醉後各分散。
永結無情⑪遊，相期⑫邈⑬雲漢⑭。

①獨酌：獨自一人飲酒。
②成三人：明月和我以及我的影子恰好對映成像三個人。
③既：且。
④不解：不懂。
⑤徒：不憑藉任何東西。
⑥將：和，同。
⑦及春：趁著青春年華。
⑧月徘徊：明月陪著我來回移動。
⑨影零亂：因起舞而身影紛亂。
⑩交歡：歡喜快樂。
⑪無情：殘酷忘卻世情。
⑫相期：相約。
⑬邈：遙遠。
⑭雲漢：銀河。

譯文

在花叢綠草中我獨自拿著一壺美酒，
自斟自酌沒有知心的朋友來作伴。
於是舉起酒杯邀請天上的明月，
明月、影子和自己就有三個人一起喝酒了。
其實明月根本不會喝酒，
影子也只能默默跟在我身旁。
月亮和影子都只是我暫時的伴侶，
趁著這樣美好的春天要趕快及時行樂啊！
我唱歌時月亮會在我周圍四處徘徊，
我跳舞時影子也會跟隨著舞姿飛舞。
當我清醒時他們和我一起飲酒歡樂，
喝醉後月亮、身影就各自分散離我而去。
我願意和他們結爲永遠的好朋友，
大家相約要在那遙遠的神仙住處相會永不分離。

作者介紹

李白，字太白，號「青蓮居士」，最偉大的浪漫主義詩人，在中國詩歌的發展史上有著重要的地位和深遠的影響，堪稱中國詩壇第一人。擅長運用浪漫主義的手法，描寫社會上的各種現象，抒發個人的種種感受，歌頌中國的壯美河山等等。他也善於運用豐富的想像、奇幻的神話傳說來表達他的感情、思想和理想，因此有「詩仙」之稱。李白的作品集大成於《李太白全集》中。

導讀

「舉杯邀明月，對影成三人」，突發奇想，把明月及自己的影子，化成了三個人舉杯共飲，把酒言歡的場景，場面頓時熱鬧了起來。

生活中，若找不到人陪你一起玩，你最喜歡的寵物或玩具，此時便成了你最佳的玩伴，你可以盡情的對它說想說的話。一個人獨處，其實蠻重要的，和自己說話，才能知道自己內心的聲音和眞正的想法。假設和別人之間有了誤會，往往是在不瞭解、缺乏理智、無耐心、缺少思考、未能體諒對方、反省自己、感情極爲衝動的情況之下所發生的。誤會一開始，很直覺的想到對方的千錯萬錯；因此，很容易誤會越陷越深，弄到不可收拾的地步，若是自己不想出解決的方法，彼此不舒服的感覺便會一直存在，像顆石頭一直重重壓在心頭。試試看，和自己的對話當中，認眞且仔細聆聽心中的聲音。人與人之間，常常因爲一些彼此無法忘記的堅持，而造成永遠的傷害。如果我們都能從自己做起，開始寬容地看待他人，相信一定能收到許多意想不到的結果。幫別人開啓一扇窗，也就是讓自己看到更完整的天空。

閱讀思考站

1. 你會和自己說話嗎？試著以寫日記的方式和自己說話。
2. 和朋友分享你曾經被誤解時心中的感受。
3. 你是否有喜歡的寵物或玩具？它對你有什麼意義？

語文加分區

1. 風決定樹的方向，人決定自己的方向。
2. 生命會爲自己找到出口。

佳人

杜甫

絕代有佳人①，幽居在空谷。
自云良家子，零落依草木。
關中昔喪亂②，兄弟遭殺戮。
官高何足論，不得收骨肉。
世情惡衰歇③，萬事隨轉燭④。
夫婿輕薄兒，新人美如玉。
合昏尚知時⑤，鴛鴦不獨宿。
但見新人笑，那聞舊人哭。
在山泉水清，出山泉水濁。
侍婢賣珠迴⑥，牽蘿補茅屋⑦。

---

①佳人：容貌出色的女子。
②關中昔喪亂：從前關中遭安史之亂，兄弟戰死於兵荒亂軍之中。
③衰歇：衰落。
④萬事隨轉燭：萬事就像燭焰隨風而動而有所轉換變化。
⑤合昏尚知時：合歡（花名）知道晨間開花夜晚閉合。
⑥侍婢賣珠迴：侍奉的婢女變賣珠寶首飾以度日。
⑦牽蘿補茅屋：利用籐蘿（紫籐、白籐等通稱）修補茅屋。

摘花不插髮，采柏動盈掬⑧。

天寒翠袖薄，日暮倚修竹⑨。

譯文

有位絕代美人，深居在山谷中。

她說自己是個良家婦女，但是生不逢時，只好四處飄零流浪。

因爲以前關中遭安史之亂，所以兄弟慘死在亂軍之中。

縱使兄弟官居高位，但是死時卻連屍骨也無法安葬。

人情淡薄，世態炎涼，世事隨著權勢而轉就如同燭焰隨風而動。

無情的夫婿拋棄了她，與新人尋歡作樂去了。

合歡尚知朝開夜合，鴛鴦成對相伴也常形影不離。

世人只看到新人的歡樂笑聲，卻看不見棄婦的辛酸淚痕。

在山裡的泉水是清澈純潔的，一旦出了山就變得骯髒污濁了。

侍奉的婢女變賣了珠飾來度日，拿籐蘿來修補茅屋。

---

⑧采柏動盈掬：雙手捧取柏子是爲了塡飽肚子。

⑨日暮倚修竹：早晚交替之時，倚靠著長竹。

摘花並不是要當髮上的妝飾，生活困苦的靠摘採柏子來充飢。天寒地凍、日暮黃昏不會感到哀怨，願像竹子一樣擁有高潔的品格。

作者介紹

杜甫，字子美，號少陵，或稱爲杜陵布衣、老杜，其詩博大雄渾，千態萬狀，不僅慨嘆自己遭遇不時，詩歌也從多方面反映了時代的動盪不安，杜甫的詩作儼然成爲時代的一面鏡子。當時的一些重大政治事件以及封建統治階級的腐敗、社會上貧富的懸殊、人民生活的痛苦、民族矛盾的激化，都在杜甫的詩歌中得到了不同程度的反映。因著他的詩歌描述一般人民的現實狀況，後人稱作「詩史」之名。更推崇杜甫爲「詩聖」，著有《杜工部集》。

導讀

當你傷心、沮喪，甚至十分糟糕的事件發生在你身上時，你都如何抒發自己的情緒？是當場淚痕滿面？或去找相關的人理論，討回公道？詩中描寫一個容貌絕佳的女子，由於身處亂世，家中遭逢重大變故，丈夫離他而去，面對接踵而至的厄運，女子仍能安貧樂道，不被現實生活擊倒，反而堅強且勇敢的過生活。

人生不如意的事，十件之中就佔了八九件，當你遇到難過的事情，讓我們一起學習如何去面對自己的情緒，除了流淚之外，想想有沒有更好的解決方法？或許可以找值得你信任的人傾訴。每件事情都有解決的方式，只看自己要不要尋求解決之道。有句話說：「生命的長度是上帝所給予的，但生命的寬度卻掌握在我們自己的手中！」的確，我們雖然不能控制生命的「長度」，但我們可以掌握生命的「寬度」。日常生活中和同學相處，面對衝突首先須冷靜下來、勿衝動行事，也要學習「先處理心情、再處理事情」，免得事情愈弄愈糟糕，所以下次遇到困難時，別忘了，除了哭，還要有更積極的行動！

閱讀思考站

1. 什麼事情會令你傷心難過？試著寫下來。
2. 你認爲有什麼方法，可以讓自己開心？
3. 當你難過的時候，第一個想要找的人是誰？爲什麼？

語文加分區

愉快的生活，是由愉快的思想所造成的。（牛頓）

無題

李商隱

相見時難別亦難，東風無力百花殘①。
春蠶到死絲方盡②，蠟炬成灰淚始乾③。
曉鏡但愁雲鬢改④，夜吟應覺月光寒。
蓬山此去無多路⑤，青鳥⑥殷勤爲探看。

①東風無力百花殘：暮春時節，東風無力吹動花兒，而百花凋謝。

②春蠶到死絲方盡：春蠶只有到死，才會把蠶絲完全吐盡。

③蠟炬成灰淚始乾：蠟燭燃燒成灰燼，才不會再繼續流淚。

④曉鏡但愁雲鬢改：早晨面對鏡子時，擔心烏黑的雙鬢不再像以前那樣的美麗。

⑤蓬山此去無多路：蓬萊的三座仙山，距離這裡並沒有太多的路程。

⑥青鳥：神話中的三足鳥傳說爲西王母的使者。

譯文

你我相見本來就不容易，但是相見後的分離更令人難分難捨，特別是在春天即將離去，而百花凋零的晚春季節。

思念的愁緒如同春蠶一樣，吐盡最後纏綿的一縷柔絲才死，想念的淚水如同蠟燭一樣，燃燒成灰燼再也滴不出蠟淚後才停。

清晨對著鏡子梳妝打扮時，最怕看見鬢髮因愁悶而變白，你在夜裡獨自吟誦詩句時，應該也會覺得月夜冰寒無限淒涼吧。

還好蓬萊仙島距離這裡不會太遠，

但願王母的青鳥，能夠常去探望你並爲我傳達訊息。

作者介紹

李商隱字義山，號玉谿生，又號樊南生。如同許多傑出的文人，李商隱並未擁有一段順利的仕途。自小生長於低階的官吏家庭，艱辛的成長歷程，卻也造就了他刻苦向上的精神。在唐詩輝煌發展過程中占有極其重要地位，他的詩歌具有獨創精神和鮮明藝術風格，詩詞更是中國詩歌百花齊放之中，一株別具馨香的奇葩，使得李商隱成爲晚唐著名詩人之一。與李白、李賀並稱爲唐詩「三李」並與杜牧並稱爲「小李杜」。

導讀

這首詩是描寫作者失去深愛妻子後的傷痛，將悲傷的心情寄託於青鳥的希望。讀完之後，你可以由詩句中感受到這份愁緒嗎？

人的一生中，總會有幾次分別的機會，也許是短暫的，也許是長久的，但那種濃厚的思念，絕對是令人難忘的。現在的你們也許正在體會這樣的歷程，你和好友可能因爲搬家、唸不同的學校或其他原因分隔兩地，你會常常想起這位親密好友嗎？每當想起這位好友，往日遊玩的情景也隨著思緒浮現眼前……可是期待再見一面的機會，卻比離別時更不容易，回想當初分別時，彼此不願意放開手，深怕一放開，好不容易建立起的友誼，會隨風而逝。想再見面又要等待到什麼時候？哭紅的雙眼，心中再怎麼不捨，卻還是得面對好友的離別。分開後彼此之間還有連絡嗎？若失去消息，一定會想辦法找到可以聯絡的方式吧！畢竟越是要好的朋友，越想和他分享心中的心事；而會在特別的節日或生日時打通電話問候你的人，不會因爲不常聯絡就忘記彼此的友誼。朋友不會因爲時間或空間的距離而有所改變，一生難得遇見幾個好友，懂得感恩與珍惜現在擁有的，才是比較快樂的人！眞正的好朋友是不會隨著時空而改變彼此的情誼，讓我們心中常常為對方祝福，不論他在何方，相信好友也會感受到這份濃濃的思念與祝福。

閱讀思考站

1. 你最喜歡這首詩詞中的那一句？為什麼？
2. 請說出你最想念的好友的名字？
3. 你是否會在特別節日和好友連絡？
4. 你會和好朋友分享什麼事情？

語文加分區

1. 友誼像花朵，好好地培養，可以開得心花怒放。（大仲馬）
2. 孤獨之人（猜成語）

答案：六親不認

當我們漸漸長大

浣溪沙

晏殊

一曲新詞酒一杯。去年天氣舊亭臺①。
夕陽西下幾時回。
無可奈何花落去，
似曾相識燕歸來。小園香徑②獨徘徊。

①亭臺：園林建築中的池臺。
②香徑：花間小路。

譯文

我聽一曲新詞譜成的歌，飲下一杯酒。回想去年這時節，舊亭臺依然存在。但現在眼前的夕陽西下了，卻不知何時會再回來。

在無可奈何中，春花正在凋落。而去年似曾相識的燕子，如今又飛回到舊巢來了。我在小花園中放眼望去，舉步在落花遍地的小徑上惆悵地徘徊起來。

作者介紹

晏殊，字同叔，北宋詞人。其詞擅長小令，尤工於詞，詞中多表現詩酒生活和悠閒情致的性格，語言婉麗，頗受南唐馮延巳的影響。〈浣溪沙〉中「無可奈何花落去，似曾相識燕歸來」二句，傳誦頗廣。原有集冊，今已散佚，僅存〈珠玉詞〉及清人所輯《晏元獻遺文》。

導讀

在你的記憶中，是否會無意間睹物而想起某些人、事、物？舊地重遊，懷念從前自不可免，也許此時的天氣，景物和當時情景相似，蘊藏著一種景物依舊，而人事全非的懷舊之感，在這種懷舊之感中，又糅合著深婉的傷今之情。此情此景，你又怎能沒有些微的傷感呢？不僅是惋惜時光的匆匆流逝，同時也是慨歎從前一起同樂的情景！看看現在的自己，我們常自問怎麼樣才是最好的，什麼才是幸福？其實答案很簡單，愈是簡單的快樂，愈可以經久不變，不用苦苦追求快樂，就是一種幸福！幸福眞的很簡單，一顆糖果可以是幸福、爸媽說一句讚美的話、老師一個肯定的眼神，就會讓我們高興一整天。

當我們漸漸長大，希望在追逐外在事物的過程中，可別忘記當初最簡單的幸福，好好珍惜，不要讓自己所擁有的東西越來越少。

閱讀思考站

1. 你認爲幸福是什麼？
2. 什麼事情會令你感到幸福？
3. 你會和什麼人分享幸福的感覺？

語文加分區

生命最美麗的報償之一便是：幫助他人的同時也幫助了自己。

幸福的簡單，簡單的幸福。

蘇幕遮

范仲淹

碧雲天，黃葉地，
秋色連波①，波上寒煙翠②。
山映斜陽天接水③。芳草無情，
更在斜陽外。
黯④鄉魂，追⑤旅思⑥。
夜夜除非，好夢留人睡。
明月樓高休獨倚⑦。
酒入愁腸，化作相思淚。

---

①秋色連波：秋天的天色和水波相連。
②波上寒煙翠：寒冷的煙霧瀰漫在水波上。
③山映斜陽天接水：夕陽西下照映著山間，天色連接水面。
④黯：形容心情憂愁鬱悶。
⑤追：追隨，可引申爲糾纏。
⑥旅思：旅人的思念之情。
⑦獨倚：獨自倚靠著欄杆。

譯文

白雲滿天，黃葉遍地。秋天的景色映在江上的碧波中，水波上籠罩著寒煙看來一片翠綠。遠山沐浴著夕陽，天際和江水相連。岸邊的草已經枯黃，映照著西斜的夕陽，讓人更覺悽涼。離鄉的旅客看到這樣的景色黯然神傷，引起旅居異地的愁思。每天夜裡除非是美夢連連方能入睡。當明月照射到高樓時，最好不要獨自依倚，回想故鄉。端起酒杯來洗滌愁腸，可是一口口酒都化成相思的眼淚流淌。

作者介紹

范仲淹，字希文，北宋著名政治家、文學家。范仲淹兩歲時喪父，家境衰落。

范仲淹從小讀書就十分刻苦，范家是長山的富戶，但他爲了勵志，二十一歲去附近長白山上的醴泉寺讀書，經常一個人伴燈苦讀，生活極其艱苦，每天只煮一鍋稠粥，涼了以後劃成四塊，早晚各取兩塊，拌上一點兒韭菜末，再加點鹽，就算是一頓飯。但他對這種清苦生活卻毫不介意，而用全部精力在書中尋找著自己的樂趣，而且胸懷遠大的政治抱負，以天下爲己任。

他上繼李、杜、韓、柳，下啓歐陽修、曾鞏、三蘇、王安石等，與穆修、柳開一起，爲北宋的詩文革新運動奠定了基礎。〈岳陽樓記〉一文中的「先天下人之憂而憂，後天下人之樂而樂」兩句，爲千古流傳佳句，也是他一生愛國的寫照。著有《范文正公集》。

導讀

你是否有曾經參加活動而必須在外住宿的經驗？當夜晚想家時，心情特別鬱悶，爲什麼呢？那是因爲我們暫時離開熟悉且習慣的環境，而覺得不方便，例如：不能看想看的電視、不能吃家人親手做的晚餐。我們之中有些人總是有著父母無微不至的照顧，也總是享受在茶來伸手、飯來張口的生活中。但我們卻不了解，我們所花費的金錢是父母用生命、青春、體力、汗水所換取來的，而我們只是一味的虛擲，卻無法體會父母的苦心，離開家的時候，這樣的心情感覺特別深刻，所以要珍惜現在所擁有的一切。能主動積極學習事物，保持身體的健康，做好份內的事，這些就是我們報答父母最好的方式。

閱讀思考站

1. 請描述你和家人相處的情形？
2. 你在什麼時候會特別想家呢？
3. 當想家時，第一個想到的人是誰？爲什麼？

語文加分區

1. 幸福存在於心靈的貧乏，感激存乎於物質的貧乏。
2. 猜猜看：

海洋中的一條船（猜成語）

答案：海闊天空

我的小煩惱

水調歌頭

蘇軾

明月幾時有？把酒①問青天。
不知天上宮闕②，今夕是何年③？
我欲乘風歸去④，又恐瓊樓玉宇⑤，
高處不勝⑥寒，起舞弄清影⑦，
何似在人間。
轉朱閣⑧，低綺戶⑨，照無眠⑩。
不應有恨，何事長向別時圓？
人有悲歡離合，月有陰晴圓缺，
此事古難全。但願人長久，
千里共嬋娟⑪。

①把酒：端起酒杯。
②宮闕：宮殿。
③今夕是何年：古代神話傳說，天上的三日，世間已千年。
④乘風歸去：駕著風，回到天上去。作者在這裡浪漫地認爲自己是下凡的神仙。
⑤瓊樓玉宇：白玉砌成的樓閣，相傳月亮上有這樣美麗的建築。
⑥不勝：承受不住。
⑦弄清影：在月光下起舞，自己的影子也隨之擺舞，彷彿是自己和影子一起嬉戲。
⑧朱閣：朱紅色的樓閣。
⑨綺戶：刻有紋飾門窗。
⑩照無眠：照著有心事睡不著的人。
⑪嬋娟：月裡的嫦娥，詩裡代表月亮。

譯文

我拿著酒杯問那蔚藍的青天，什麼時候開始有明月呢？不知道在那月宮裡，今夜是哪一年？我想駕著風回到天上去，只怕那天上的瓊樓玉宇裡太過清寒，我無法消受。我和我的影子在月下共舞，就像回到天上一般快樂，我又何必回去呢？

月光轉過紅樓的樓角，低射入美麗的窗戶中，映照著失眠的人兒。本來不應有什麼怨恨，可是你這無情的明月，卻爲什麼偏向離愁的人們表示團圓？人有悲哀、歡樂、離別、聚合；月亮也有陰、晴、圓、缺，這些事自古以來就難以兩全。只希望我所關心的人能夠長壽平安，雖然我們現在相隔千山萬水，但只要共賞一輪明月，我們的心意依舊能夠相通！

作者介紹

蘇軾，字子瞻，北宋時詩壇成就卓越的大家，一生仕途生涯十分坎坷。但在文學上卻有極大成就。爲「唐宋古文八大家」之一，與父親蘇洵、弟蘇轍合稱「三蘇」。軾於詩文詞皆稱大家，不論詩、詞、古文，信手拈來，都有如行雲流水一般的平順自然。尤以詞方面成績最爲突出、蘇軾的詞題材廣泛，無論是寫景、敘事、詠懷、說理等都可以入詞，擴大了詞的領域。他的詞意境清新、豪邁奔放，改變了晚唐、五代以來綺靡的詞風，貢獻甚大。蘇軾的著作很多，現存有詩文集《東坡全集》及詞集《東坡樂府》等。

導讀

人對於未知的事情，大都會帶著好奇的心，想要一窺究竟。你可否就此詞內容勾勒出一幅畫面：吹著涼風的夜晚，望著皎潔的月亮，眞想問一問月亮裡的人們，是否在同一個時空，享受如此美好的夜晚？月亮、影子與我形成時空交錯的情景，竟興奮的在月光下遊玩，眞想將這一刻永遠留住，此時，偶見某一扇窗內的人，難以入眠，他究竟煩惱著什麼？月亮有陰晴圓缺的變化，人世間也有悲傷、歡笑、離別、相聚，雖然沒有相聚一處，卻共同遙望著同一輪明月，但願彼此的情誼，就像天上的明月長長久久。

你是否也有自己的煩惱呢？所謂相由心生，煩悶時臉上就會有不快樂的表情，不快樂的心，眼睛所見，都會令你不開心的！每個人都有自己的煩惱，就像《少年維特的煩惱》，既然這是人人都會遇到的事情，我們何不轉個方向，以幽默的性格去面對，不但能改變命運，也能讓身邊的人快樂，並增進人際關係，何樂而不爲呢？我們的生命歷程往往也像小河流一樣，想要跨越生命中的障礙，有所突破，往眞善美的目標邁進，就必須有拋開煩惱的智慧與勇氣！

閱讀思考站

1. 你現在最大的煩惱是什麼？
2. 想出三種你面對煩惱時的樂觀態度。
3. 你最喜歡詩中的那一句話？為幹什麼？

語文加分區

1. 這扇門關了，先不要灰心，還會有另一扇門爲你開啓。
2. 成功的秘訣在於：當機會來臨時，你已準備妥當。

五柳先生傳

陶淵明

先生不知何許①人也，亦不詳其姓字。宅邊有五柳邊，因以爲號焉。閑靜少言，不慕榮利，好讀書，不求甚解②，每有會意，便欣然忘食。性嗜③酒，家貧不能常得。親舊知其如此，或置酒而招之。造飲輒④盡，期在必醉；既醉而退，曾不吝情⑤去留。環堵⑥蕭然⑦，不蔽風日；短褐⑧穿結，簞⑨瓢⑩屢空，晏如⑪也。常著文章自娛，頗示己志。忘懷得失，以此自終。

贊曰：黔婁有言，不戚戚⑫於貧賤，不汲汲⑬於富貴。其言茲若人之儔乎？銜觴⑭賦詩，以樂其志，無懷氏之民歟？葛天氏之民歟？

---

①何許：何處，什麼地方。
②不求甚解：不刻意尋求深奧的解釋。實際上是指不咬文嚼字地穿鑿附會。
③嗜：愛好
④輒：總是。
⑤不吝情：捨不得。
⑥環堵：四面的牆壁。
⑦蕭然：空空的樣子。指窮困無物。
⑧短褐：粗布短衣。
⑨簞：用節、竹編製的放置食物的器具。
⑩瓢：舀水的器具。
⑪晏如：安然自得的樣子。
⑫戚戚：感傷，憂慮的樣子。
⑬汲汲：竭力求取的樣子。
⑭銜觴：口含酒杯，指飲酒。觴是古時一種酒杯。

譯文

先生不知道是什麼地方的人，也不知道他的姓名。他的屋邊有五棵柳樹，因此就自號五柳先生。他安閑好靜，不喜歡多說話，不渴慕榮華富貴；喜歡讀書，但並不求太深的理解，每當讀到會心之處，就高興得忘了吃飯。喜好喝酒，但家裡窮不可能經常喝酒。親戚朋友知道他這個特點，有時便擺下酒席去請他。他一去就喝個痛快，一定要使自己醉倒。醉了就回去，一點也不留戀。他家裡空空蕩蕩，非常破舊，既遮不住風也擋不住陽光；穿的粗布短衣到處是破洞和補丁，簞和瓢是空著的，但他卻安然自在。先生常常寫文章自我娛樂，很能表達自己的志向。他忘卻了世俗的得失，用這種超然世外的態度度過一生。

贊論說：黔婁說過，不因為貧賤而憂傷，不貪圖富貴而奔走。這就是說五柳先生這一類人吧？他飲酒作詩，使自己的內心得到快樂，他是無懷氏時代的人呢？還是葛天氏時代的人呢？

作者介紹

陶淵明又名潛，字元亮，私謚靖節，別號五柳先生，潯陽柴桑（今江西九江西南）人。少年時代的陶淵明經常斷炊挨餓，穿著葛布單衣過冬，為了生計不得不到處奔走。但他志趣高尚，博學擅文，穎脫不拘，天真自得，很得鄉鄰和有識之士所敬重。陶淵明曾任江州祭酒、參軍、彭澤令。他不堪忍受做小官的種種束縛和折磨，沒做多久就主動辭職，回家閒居。陶淵明以質樸自然的藝術風格，獨創了田園詩的新形式，把平凡無奇的田園生活引入詩歌的藝術，開拓了詩歌的新天地。

導讀

當你遇到新朋友的時候，會怎樣介紹自己呢？

本文其實是陶淵明的自傳，從內容可以了解五柳先生是怎樣的一個人，當你想要介紹自己的時候，也可以參考五柳先生他介紹自己的方式。

這篇文章是採用第三人稱的立場寫成的一篇傳記，是屬於「記人類」的記敘文。記敘的方法是採用順敘法，從內容來看分為兩部分，第一部份是「傳」，記敘五柳先生的生活小史，第二部分是「贊」，讚美五柳先生的淸高。

一開始即介紹五柳先生得名的原因，並與下文「閑靜少言，不慕榮利」相呼應。五柳先生的個性「閑靜少言，不慕榮利」，愛好「好讀書，性嗜酒」，家境貧窮，生活「以食、衣、住說明環堵蕭然，不蔽風日，短褐穿結，簞瓢屢空—晏如也」。可以看出五柳先生雖「家貧」卻「晏如也」，將生活上的貧困轉為精神上的安然自得。

在志趣方面是「常著文章自娛，頗示己志，忘懷得失，以此字終」，可見作者的不求名利，超然世外的生活態度。

「不戚戚於貧賤，不汲汲於富貴」，引用黔婁之話作總結，說明五柳先生鄙視富貴、安貧樂道的個性。呼應前面「閑靜少言，不慕榮利」，人人都喜歡榮華富貴，都愛享有掌聲和喝采，但是「半張名利紙，看穿了有什麼好爭的」，一切的絢爛都有歸於平淡的一天。

末句「無懷氏之民歟？葛天氏之民歟？」一方面讚美五柳先生有如上古人物，暗喻自己逍遙；另一方面呼應一開始「先生不知何許人也」句，以疑辭開始，以疑辭結束，使整篇文句首尾渾然一體，前後互相呼應，而不見一點痕跡，是最圓融之處。

小朋友你也可以練習寫一篇自傳，借用「五柳先生傳」的寫法，就是以旁觀者的身分，寫下自己的內外形象，讓他人對你印深刻喔！

閱讀思考站

1. 說說看五柳先生的個性及愛好？
2. 爲什麼陶淵明要用他人的口吻抒寫自我？
3. 看完這篇自傳你覺得陶淵明是一個什麼樣的人？

語文加分區

1. 搜文尋字：

「黔」字義非常多，必須懂得利用語境爲檢索系統。

(1)黔，黑也。

(2)黔，貴州省的簡稱。

(3)黔，曬黑，染黑，熏黑。

(4)黔，黑黃色。

(5)黔，通「黥」。在犯人臉上刺刻塗墨的刑罰。

2. 文中說到「黔婁」，黔婁是什麼樣的人呢？

黔婁一生窮苦，甚至去世的時候買不起棺材，何以謚號「康」？

因黔婁不接受不當的利益、俸祿及錢財，所以人生富而有餘，不因外在環境而有所遷就。可以說是求仁得仁，求義得義，謚號「康」，可謂實至名歸。

這樣正確的人生觀值得大家學習，寧可「正而不足」，也不要「斜而有餘」。

3. 延伸閱讀

(1)劉禹錫的〈陋室銘〉

(2)王羲之的〈蘭亭集序〉

受人點滴，當泉湧以報

左忠毅公軼事

方苞

先君子①嘗言，鄉先輩左忠毅公視學京畿，一日，風雪嚴寒，從數騎②出，微行③入古寺。廡④下一生伏案⑤臥，文方成草⑥。公閱畢，即解貂覆生，爲掩戶；叩之寺僧，則史公可法也。及試，吏呼名至史公，公瞿然⑦注視，呈卷，即面署第一。召入，使拜夫人，曰：「吾諸兒碌碌⑧，他日繼吾志事，惟此生耳。」及左公下廠獄，史朝夕窺獄門外；逆閹防伺甚嚴，雖家僕不得近。久之，聞左公被炮烙⑨，旦夕⑩且死，持五十金涕泣謀於禁卒。卒感焉；一日，使史更敝衣，草屨，背

①先君子：對死去父親的尊稱。
②從數騎：帶領幾個騎馬的侍從。
③微行：暗地裡出訪。指尊貴者易服出訪不使人知。微：副詞，暗地裡、秘密地。
④廡：正堂兩側的廂房。
⑤案：桌子。
⑥文方成草：文章剛寫成草稿。
⑦瞿然：驚覺注視的樣子。
⑧碌碌：才識平庸。
⑨炮烙：以燒紅的金屬灼傷人體的刑罰。
⑩旦夕：早晚，指很短的時間。

筐，手長鑱⑪，爲除不潔者，引入，微指左公處。則席地倚牆而坐，面額焦爛不可辨，左膝以下筋骨盡脫矣。史前跪，抱公膝而嗚咽。公辨其聲，而目不可開，乃奮臂以指撥眥⑫，目光如炬⑬。怒曰：「庸奴！此何地也！而汝來前？國家之事糜爛至此。老夫已矣，汝復輕身而昧大義，天下事誰可支拄者！不速去，無俟姦人構陷，吾今即撲殺汝！」因摸地上刑械作投擊勢。史噤不敢發聲，趨而出。後常流涕述其事以語人，曰：「吾師肺肝皆鐵石所鑄造也！」

崇禎末，流賊張獻忠出沒蘄、黃、潛、桐間，史公以鳳廬道奉檄守禦。每有警，輒數月不就寢，使將士更休，而自坐幄幕外，擇健卒十人，令二人蹲踞而背倚

---

⑪手長鑱：拿著長柄的夾子。

⑫以指撥眥：用手指頭撥開眼皮。

⑬目光如炬：憤怒的眼光，像火把一樣。

之，漏鼓移⑭則番代。每寒夜起立，振衣裳，甲上冰霜迸落⑮，鏗然⑯有聲。或勸以少休，公曰：「吾上恐負朝廷，下恐愧吾師也。」

史公治兵，往來桐城，必躬造左公第，候太公、太母起居，拜夫人於堂上。余宗老塗山，左公甥也，與先君子善，謂獄中語乃親得之於史公云。

⑭漏鼓移：表示過了一更。
⑮迸落：散落。
⑯鏗然：清脆響亮的聲音。

譯文

過世的父親曾經說過，同鄉前輩左忠毅公視察京城的時候，有一天，天氣非常寒冷，左公帶著幾名侍從到處巡視，進到一間廟裡，看到一名學生趴在桌上睡覺，旁邊放著剛寫好的草稿。左公看完這名學生寫的文章草稿後，親自爲他蓋上自己身上的皮衣，並爲他把門關上。從廟裡的和尚得知他叫史可法。考試時，叫到史可法的名字時，馬上簽署他爲第一名。後來請史可法到家裡時，左公說：「我的孩子平庸，將來能繼承我的志向事業的人，就是史可法了。」

到了左公被誣陷入獄時，史可法都在監獄外窺視，希望能和左公見面，後來，史可法聽聞左公受到酷刑，他拿了五十兩，含淚請求獄卒幫忙，見左公一面。有一天，獄卒叫史可法偽裝是打掃污穢的清潔工，混入監獄和左公見面。左公的臉部、額頭都焦黑腐爛無法辨認，左腿膝蓋的筋骨都脫落了，史可法看到左公這樣的慘狀，嗚咽的哭了出來。左公聽到史可法的聲音，用手撥開眼眶，目光像火一樣，非常生氣的說：「你不應該來這個地方，國家大事都敗壞到無法收拾，你還不愛惜自己的生命，你如果不快走，不用等到別人收拾你，我現在就把你打死。」史可法立刻跑了出來，他後來常常流著眼淚，告訴別人說：「我老師的肝肺，都是鐵石作成的。」

崇禎末年，流寇張獻忠擾亂百姓，史可法奉命防守，在征討的過程裡，往往好幾個月不能上床睡覺，史可法教導將兵輪流休息，而自己則靠在士兵的背上和士兵同甘共苦，每次在寒冷的夜裡抖動衣裳，衣服上的冰霜就會掉落下來，有人勸史可法多休息，史公就說：「我怕辜負了朝廷，對不起我的老師啊！」

史可法帶軍經過桐城時，一定會拜訪左公的父母親，在廳堂向左夫人請安。我家族的長輩方塗山先生，他是左公的外甥。他和先父交情很好，他說那些在監獄裡左公和史可法的對話，是史可法告訴他的。

作者介紹

方苞（西元一六六八～一七四九年），字鳳九，號靈皋，晚號望溪，桐城人。小時候家貧，努力學通諸經，年二十四遊京師，以文章見稱於名公卿。方苞的文章，高雅簡潔，以「學行繼程、朱之後，文章在韓、歐之間」與友相勉，因此被奉爲桐城派之祖。著有《周官集注》、《周官辯》、《周官析疑》、《考工記析疑》、《儀禮析疑》、《喪禮或問》、《禮記析疑》、《左傳義法舉要》、《春秋通論》、《春秋直解》、《春秋比事目錄》、《離騷正義》、《方苞文集》等。

導讀

古語說：「千軍易得、一將難尋」，可見人才是多麼難尋！但當覓得人才後，還能知人並冀望深切，這是非常不容易的。所以如果你是那「一將」，你又會如何回報栽培你的人呢？

左忠毅公非常欣賞史可法的才華，也因爲這樣的欣賞，對史可法照顧有加。一日，史可法在古廟裡寫完文章，累得睡著了，左忠毅公看過他的文章，擔心他受到風寒，立刻爲他蓋上皮衣。考試時，也批改史可法爲第一名，甚至稱讚他將來可以繼承他的事業。

這樣愛才惜才的胸襟讓史可法感動，努力爲國勞碌奔走。後來，左忠毅公因爲宦官的污陷身陷囹圄（監獄），史可法爲了要報答左忠毅公知遇之恩，奮力營救時，卻反遭左忠毅公的責難，左忠毅公盼望史可法爲國珍重，繼續堅持大義，不溺於情。所以史可法以身許國，完全是受到左忠毅公的感召。史可法將左公對他的愛，回饋於他的家人。可見史可法是一位知恩感恩的人。

這篇故事是史料未記載的事，透過作者方苞的父親，從獄吏聽到當時的對話紀錄下來，顯現左忠毅公的清廉正直，也說明史可法治軍成功皆是受到左忠毅公的感召。文章讀完，可以發現左忠毅公是一位大公無私的賢者，當他受到奸臣陷害的時候，心中掛念的還是國家大事，一點也沒有把個人的生死看在眼裡，這樣的胸襟的確是很少人擁有的。

閱讀思考站

1. 左忠毅公哪一項行爲讓你感到敬佩？
2. 讀完這篇文章最讓你印象深刻的是什麼？
3. 如果你有機會招募人才，想想看你需要具備什麼能力的人？

語文加分區

1. 無俟「姦」人構陷，讀作「ㄐㄧㄢ」。
2. 一個女，讀作「女」；兩個女—「奻」，讀作「ㄋㄢˊ」；三個女—「姦」，讀作「ㄐㄧㄢ」。
3. 個木，讀作「木」；兩個木—「林」，讀作「ㄌㄧㄣˊ」；三個木—「森」，讀作「ㄙㄣ」。
4. 一個火，讀作「火」；二個火—「炎」，讀作「ㄧㄢˊ」；三個火—「焱」，讀作「ㄧㄢˋ」。

有趣吧！還有什麼字是這樣的組合呢？說說看。

一個水，讀作「水」；二個水—「沝」，讀作「ㄓㄨㄟˇ」；三個水—「淼」，讀作「ㄇㄧㄠˇ」。

徐文長傳

袁宏道

徐渭，字文長，爲山陰諸生，聲名藉甚，薛公蕙校越時，奇其才，有國士之目。然數奇①，屢試輒蹶。中丞胡公宗憲聞之，客諸幕。文長每見，則葛衣烏巾，縱談天下事，胡公大喜。是時，公督數邊兵，威鎮東南，介冑②之士，膝語蛇行，不敢舉頭，而文長以部下一諸生傲之；議者方之劉眞長、杜少陵云。會得白鹿，屬文長作表。表上，永陵喜。公以是益奇之，一切疏計③，皆出其手。文長自負才略，好奇計，談兵多中，視一世事無可當意者，然竟不偶④。

①數奇：命運不好。
②介冑：即「甲冑」，披甲戴盔。
③疏計：公文，奏章。
④不偶：不遇時。

文長既已不得志於有司，遂乃放浪麴糵，恣情山水，走齊、魯、燕、趙之地，窮覽朔漠，其所見山奔海立，沙起雷行，雨鳴樹偃，幽谷大都，人物魚鳥，一切可驚可愕之狀，一一皆達之於詩。其胸中又有勃然不可磨滅之氣，英雄失路、托足無門之悲，故其爲詩，如嗔、如笑，如水鳴峽，如種出土，如寡婦之夜哭，羈人之寒起。雖其體格時有卑者，然匠心獨出，有王者氣，非彼巾幗⑤而事人者所敢望也。文有卓識，氣沉而法嚴，不以模擬損才，不以議論傷格，韓、曾之流亞也。文長既雅不與時調合，當時所謂騷壇⑥主盟者，文長皆叱而怒之，故其名不出於越。悲夫！

---

⑤巾幗：古代婦女的頭巾和髮飾，後來作爲婦女的代稱。

⑥騷壇：文壇，詩壇。

喜作書，筆意奔放如其詩，蒼勁中姿媚躍出，歐陽公所謂「妖韶⑦女，老自有餘態」者也。間以其餘，旁溢爲花鳥，皆超逸有致。卒以疑殺其繼室⑧，下獄論死。張太史元忭力解，乃得出。晚年憤益深，佯狂⑨益甚，顯者至門，或拒不納，時攜錢至酒肆，呼下隸⑩與飲；或自持斧擊破其頭，血流被面，頭骨皆折，揉之有聲；或以利錐錐其兩耳，深入寸餘，竟不得死。周望言：晚歲詩文益奇，無刻本，集藏於家。余同年⑪有官越者，托以鈔錄，今未至。余所見者，《徐文長集》、《闕編⑫》二種而已。然文長竟以不得志於時，抱憤而卒。

石公⑬曰：先生數奇不已，遂爲狂疾；狂疾不已，

---

⑦妖韶：艷麗美好。
⑧繼室：再娶的妻子。
⑨佯狂：假裝瘋癲。
⑩下隸：地位低下的人。
⑪同年：科舉制度中稱同科考中的人爲同年。
⑫闕編：殘缺不全的書。闕同「缺」。
⑬石公：袁宏道的別號。

遂爲囹圄。古今文人，牢騷困苦未有若先生者也。雖然，胡公間世豪傑，永陵英主；幕中禮數異等，是胡公知有先生矣；表上，人主悅，是人主知有先生矣。獨身未貴耳。先生詩文崛起，一掃近代蕪穢之習，百世而下，自有定論。胡爲不遇哉！梅客生嘗寄予書曰：「文長吾老友，病奇於人，人奇於詩」。余謂文長，無之而不奇者也。無之而不奇，斯無之而不奇也。悲夫！

譯文

徐渭，字文長，是山陰縣的秀才。薛蕙主持考試時，對他的才學非常欣賞，把他當國士對待。但是他的命運不好，多次參加考試都失敗，浙江巡撫胡宗憲聽到他的名字，請他到幕府做客。文長每次進見的時候，都穿著葛布衣服，戴著黑色頭巾，談論天下大事。胡公駐守邊境地區，威名傳遍東南各省，將士們不敢抬頭面對他，文長卻以一位秀才的身分驕傲地對待他。恰巧胡宗憲得到一頭白鹿，囑咐文長寫一篇奏表呈上皇帝，皇帝看了非常高興。胡公因此更加看重文長。文長常有出人意表的謀略，但始終沒能受到重用。

文長不能在科舉上得志，就拚命的遊山玩水，他所看到的驚奇景色，全部表達到詩歌中，他的心中有雄心壯志卻無法實現的悲憤，所以他寫的詩，像憤怒、像嘻笑、像急流在山谷裡的聲音，像種子在泥土中發芽，像寡婦在夜裡哭泣，像遊歷在外的遊子在寒夜起程。雖然寫詩的體裁有時卑微，但是思緒非常有創意，具有雄偉的氣勢，不是其他文人所能比較的。文長的文章有見識、寫法嚴謹，不模仿別人，不談空洞的議論，是韓愈一類的人物。文長的文章和當時的文風不一致，對於那時的文壇盟主，文長常加以斥責，以至於他的名聲不能傳出去。

文長喜歡寫字，有如他自己揮灑的詩歌，老成中帶有嬌媚的姿態，正像歐陽公說的「好像漂亮的姑娘，即使老了，都還保有往日的風采」。

後來因爲懷疑，文長殺了他的新任太太，被關進監獄，翰林張元忭努力解救他，才被放了出來。晚年時候，他的內心更加悲憤。大官登門訪問，有時不讓他進來，經常喝酒鬧事。陶周望說：「他晚年的詩文，更加特別，但是底稿都藏在家裡，而文長終究不能得志，懷恨去世」。

袁石公說：「先生總是命運不好，就發瘋了，瘋癲之後就成了囚犯」，從古到今的文人，受到恥辱沒有像文長這樣嚴重的人。文長的詩、文突出，完全掃除了近代文壇污穢的積習，以後，自有公正的評價，梅客生曾經告訴我：「文長是我的好朋友，他的病比他的爲人特別，他的爲人比他的詩更有特色。」我認爲文長沒有一樣不特別的，也因爲沒有一樣不特別，所以他的遭遇也都不如意！讓人感到難過。

☺作者介紹

袁宏道字中郎，號石公。和兄袁宗道、弟袁中道並稱為「三袁」，在當時的文學運動中具有舉足輕重的地位。袁宏道年少時就展現了不凡的文學才華，一生受到李贄影響很深，行為灑脫不羈，為官任事極具膽量，作風明快。但是袁宏道卻不眷戀權位，喜歡過著怡然自如的生活。他曾對人說：「官實能害死我性命。」可見其灑脫自如的心態，袁宏道的詩文集，有《錦帆集》、《解脫集》、《瓶花齋集》、《瀟碧堂集》，後來合刊為《袁中道全集》。

導讀

你會有不受重視快要發瘋的那種感覺嗎？或者是說，在生活裡，怎麼沒有人需要我的幫忙，怎麼自己都沒有受到重視，怎麼自己的心情沒有人傾聽，這時候該怎麼辦？當我們身體不舒服的時候，我們會去看醫生吃藥休息，我們心情不舒服的時候，應該找別人紓解情緒。可憐的徐長文並沒有做到這一點，所以最後文長「瘋」了。

這篇文章，內容介紹一位文學家徐文長的一生，文長經歷的人生道路可說是崎嶇難行，不能得志於考試，又不能在政治上有所表現，眞是讓他有志難伸。文長性格狂傲、憤世嫉俗，只有在文學上能盡情揮灑。古人說：「不經一番寒徹骨，那得梅花撲鼻香。」沒有這些委屈與歷練，他的文章或許會是平凡無奇。最讓人感到難過的是文長到了晚年，還是爲了不得志懷恨去世。或許我們不能了解徐文長的內心世界，但是面對不得志應該還有很多解決的方法。

作者認爲：「文長無論什麼沒有一樣不奇特，也因爲沒有一樣是不奇特的，所以他的遭遇也都不如意。」以文長的才華洋溢，沒有人可以理解爲什麼不能受到重用而出人頭地？對文長這樣的際遇，作者寄於同情之意。古代有句俗語：「世有伯樂，然後有千里馬，千里馬常有，伯樂卻不常有」可見能找到賞識自己的人，眞是非常困難。

不過，如果你肯努力就有機會受到賞識，但是如果你不努力，就完全沒有機會遇到伯樂喔！

閱讀思考站

1. 如果你像徐文長般，找不到讓自己表演的舞台，你會如何調適？
2. 看完這篇文章，你有什麼心得？
3. 作者認爲徐文長不能受到賞識是因爲他本身太過於與衆不同，你同意這樣的說法嗎？或是另有原因？

語文加分區

囹圄：字義「監獄」

「樂透彩」讓愈來愈多的人變成千萬富翁，甚至是「億萬富翁」，但有些富翁的身心正身繫囹圄。原來，當我們不能正確地看待金錢，這種事就會發生，生命也就遭受扭曲，就像身繫囹圄，生命被錢所箝制，成爲金錢與金錢附加物的奴隸。使自己失去了那些使生命更有樂趣、更有意義、更有價值的東西。

華佗傳

范曄

華佗字元化，沛國譙人也，一名旉。遊學徐士，兼通數經，曉養性之術，年且百歲，而猶有壯容，時人以爲仙。沛相陳珪舉孝廉，太尉黃琬辟，皆不就。精於方藥，處齊①不過數種，心識分銖，不假稱量，針灸不過數處，裁七八九，若疾發結於內，針藥所不能及者，乃令先以酒服麻沸散，既醉，無所覺，因看刳破腹背，抽割積聚；若在腸胃，則斷截湔洗，除去疾穢，既而縫合，傅以神膏，四五日創愈，一月之間皆平復。

嘗行道，見有病咽塞者，因語之曰：「向來道隅，

①處齊：音才計切，今通作劑。

中國第一位外科醫生

有賣餅人蒜虀甚酸，可取三升飲之，病自當去。」即如佗言，立吐一蛇，乃懸於車而候佗。時佗小兒戲於門中，逆見，自相謂曰：「客車邊有物，必是逢我翁也。」及客進，顧視壁北，懸蛇以十數，乃知其奇。

又有一郡守，篤病久，佗以爲盛怒則差，乃多受其貨，而不加功，無何棄去，又留書罵之，太守果大怒，令人追殺佗，不及，因瞋恚，吐黑血數升而愈。又有疾者，詣佗求療，佗曰：「君病根深，應當剖破腹，然君壽亦不過十年，病不能相殺也。」病者不堪其苦。必欲除之，佗遂下療，應時愈，十年竟死。

廣陵太守陳登，忽患函中煩懣，面素不食；佗脈之曰：「府君胃中有蟲，欲成內疽，腥物所爲也。」即作湯二升，再服，須臾，吐出三千許蟲，頭赤而動，半身猶是生魚膾，所苦便愈。佗曰：「此病後三朞當發，遇良醫可救。」登至期疾動，時佗不在，遂死。

曹操聞而召佗，常在左右；操積苦頭風眩，佗針隨手而差。有李將軍者，妻病，呼佗視脈，佗曰：「傷身而胎不去。」將軍言：「間實傷身，胎已去矣。」佗曰：「案脈，胎未去也。」將軍以爲不然，妻稍差，百餘日復動，更呼佗，佗曰：「脈理如前，是兩胎，先生者去血多，故後兒不得出也；胎既已死，血脈不復歸，必燥著母脊。」乃爲下針，並令進湯，婦因欲產而不通，佗曰：「死胎枯燥，勢不自生。」使人探之，果得死胎，人形可識，但其色已黑；佗之絕技，皆此類也。

爲人性惡難得意，且恥以醫見業，又去家思歸；乃就操求還取方，因託妻疾，數期不還，操累書呼之，又敕郡縣發遣，佗恃能厭事，猶不肯至。操大怒，使人廉之，知妻詐疾，乃收付獄訊，考驗首服。荀彧請曰：「佗方術實工，人命所懸，宜加全宥。」操不從，竟殺之。佗臨死，出一卷書與獄吏曰：「此可以活人。」吏畏法不敢受，佗亦不強，索火燒之。

譯文

華佗，字元化，別名敷，是沛國譙縣（今安徽亳縣）人。他曾經到徐州一帶求學，兼通幾種經典。沛國的國相陳硅推舉他為孝廉，太尉黃琬也徵召他去作官，他都沒有接受。華佗非常注重養生之道。當時的人都認為他年近百歲，但看上去像壯年人。他又精通方藥，治療疾病時，每一個湯劑處方都只不過用幾種藥，心裡掌握好藥物間的比例和份量，抓藥時也不用藥秤去稱量。藥一煎好就給病人喝，並交代病人各種注意事項。華佗離去後，疾病也都能治愈。如果該用針灸法，就只選用一兩個穴位，每個穴位灸個七、八次，病立刻就好了。如果體內已經生長了異物，或某些體內組織已經腐壞，針灸和內服藥都無法治好時，就給予手術治療。先讓病人飲服「麻沸散」，病人一會兒就像喝醉的人一樣，沒有了知覺。於是就剖開病處，切除病塊。如果病在腸道裡，就切斷腸管，割去腐腸，清洗其餘部份，再縫合腹部，用藥膏敷在傷口上，四、五天就癒合了。病人不覺疼痛，也沒什麼自我感覺。一個月左右，刀口就完全復原了。

有一次華佗看見一個人得了梗食病，很想吃東西卻又咽不下去，華佗聽到他的呻吟聲，就讓他們停下車來，去看他的病。然後對他們說：「剛才走過的路旁有個賣餅的鋪子，用蒜葉淹漬的黃齏菜水很酸，可向店主要三升來，把它喝了，病就能好了。」於是病人就按華佗說的去做，病人立刻吐出一條蛇一樣的寄生蟲來。他們把寄生蟲懸掛在車子邊上，要去拜訪華佗。華佗還沒回家，有一個孩童在門前玩耍，迎面碰見來客，便自言自語地說道：「他們像是遇到我爸爸了」。病人進屋裡坐下，看到華佗家北面的牆上正掛著這類蟲，大約有幾十條。

又有一位郡守得了病。華佗認爲，這人生氣一場病就能好。於是接受了他許多錢財卻不給他治療。過了不久，乾脆丟下病人走了，還留下一封信大罵郡守。郡守果然非常生氣，派人去追捕華佗，要殺掉他。郡守的兒子知道這是華佗的治療方法，囑咐差人別去追逐。郡守憤怒到了極點，吐了幾升黑血，病也就好了。

又有一位士大夫感到身體不適。華佗說：「你的病勢嚴重，應該剖腹切除。但你的壽命也只不過還有十年，這期間你的病要不了你的命，忍耐十年的病痛，壽命和病苦就都到頭了，犯不上非要剖腹治療」。士大夫是個忍不得疼痛的人，非要切除病根不可。於是華佗爲他施行手術，所患疾病也隨之治愈，但十年後他終於還是死了。

廣陵太守陳登得了病，胸口煩悶，臉色赤紅不吃東西。華佗診過脈後對他說：「太守大人胃中有幾升寄生蟲，形成腹內疽了，是吃了生腥食物而造成的」。便煎了兩升藥湯，先服下一升，過一會兒全部服完。一下子，太守吐出了三升左右的寄生蟲，腦袋都在蠕動著，半截身子好像連在生魚切成的肉片上。疾病帶來的痛苦也就沒有了。華佗說：「這個病三年後還會復發，要遇到良醫才能救治。」三年後果然復發，當時華佗不在那裡，太守便應了華佗說的話，眞的死了。

曹操聽到華佗的名聲，便把他召來，讓他經常在自己身邊。曹操患有頭風病，一發作起來就心中煩亂、兩眼昏眩。華佗針刺他的膈部，隨手就能治愈。

李將軍的妻子病得很厲害，叫華佗去診脈。華佗說：「是傷了胎氣，但胎兒沒有流產。」將軍說：「聽說確實傷了胎氣，但胎兒已經流產了。」華佗說：「根據脈象，胎兒沒有流產。」將軍認爲不是那回事，華佗也就不治而去。李妻稍覺好轉，但一百多天後又復發了，又把華佗叫來。華佗說：「這種脈象按例就是有胎。前次本來該流產兩個胎兒。一個胎兒先流產後，胎水流得太多，後一胎兒來不及產出。母親自己不知道，旁人也沒弄淸楚，就不再接產，後面的胎兒就沒有出來。胎兒死後，沒有了血脈的滋養，必然乾枯附著在母體的後腰部，因此母親常患腰痛。現在應當給她服湯藥，並且針刺一個穴位，這個死胎就一定能產出。」湯藥和針刺用過以後，李妻肚子痛得很厲害，就像要生孩子一樣。華佗說：「這個死胎長時間枯萎，不能自行產出，最好叫人探取。」果然取出一個死的男胎，手腳完備，顏色已經變黑。華佗的絕妙醫技，大多與這些例子類似。

晚年華佗被曹操徵召到許昌，爲其治療頭風病。由於華佗不願治療曹操，便藉故請假返家，並數次拒絕重返許昌，終爲曹操所殺害。

華佗臨死前仍不忘濟世救民，曾將所著醫籍《青囊經》取出交獄吏收藏，曰：「此書傳世，可活蒼生。」但獄吏不敢收受。華佗無奈，只得把它燒了。

作者介紹

范曄，字蔚宗，宋順陽（河南淅川）人。

生於晉安帝隆安二年，卒於宋文帝元嘉二十二年。

祖父范寧、父范泰，均以儒術知名。對人物進行評價時，下筆曲折反覆，時而讚揚，時而批判，有時同情，有時譏諷，因評價的人而有所不同。感情豐富激盪，文筆豪邁不拖泥帶水，富於抒情意味。范曄通曉音律，所以文華美而雅潔，對偶而不刻意雕琢，工緻而不傷自然。

導讀

你能想像在一千八百多年前，就有醫生可以剖開身體施行手術嗎？當時並沒有精密的儀器診斷病情，也沒有完整的手術房照顧病人，而華佗做到了。

華佗是歷史上第一位施行開腹手術的外科醫生，他發明一種麻醉劑——「麻沸散」，他使用這種麻醉劑施行開刀手術，救活了許多人的性命。華佗除了精於外科手術，還是兼具其他各科知識的全能醫生，他還提倡養生之道，他說：「人的身體應當要運動，只是不要讓身體太疲憊。身體有運動，血液循環就能暢通，也就不會生病了，就好像開門的門軸不會腐爛就是這個道理。」對照現在的醫生，不也是常常告訴民衆，多運動才能保持身體健康。除此之外，華佗也注意疾病的預防思想，他創造一套模仿五種禽獸姿態的健康操，也經常指導一些瘦弱的人練習這些動作，效果相當顯著。

華佗一生中最令後人遺憾和感嘆的，就是他的著作。據說他一生著作不少，除了遇難前在獄中燒毀的以外，其餘的著作也大多沒有傳下來。華佗在醫學上的創造發明和貢獻是多方面的，從本傳所舉的病案內容就可以知道一二。

閱讀思考站

1. 文章中哪一件事讓你印象深刻？
2. 你覺得華佗對後人貢獻最大的是什麼？
3. 讀完這篇文章，我們應該如何照顧自己的身體？

語文加分區

華佗深入民間，足跡遍於中原和江淮平原，在內、外、婦、兒各科的臨床診治中，創造了許多醫學奇蹟，尤其以創「麻沸散」即臨床麻醉藥，行剖腹術聞名於世。後世每以「華佗再世」稱譽醫家，可見其影響之深遠。

木蘭辭

佚名　出處：《樂府詩集》

唧唧復唧唧，木蘭當户織。不聞機杼聲，惟聞女嘆息。問女何所思？問女何所憶？「女亦無所思，女亦無所憶。昨夜見軍帖，可汗大點兵；軍書十二卷，卷卷有爺名。阿爺無大兒，木蘭無長兄，願爲市鞍馬，從此替爺征。」

東市買駿馬，西市買鞍韉，南市買轡頭，北市買長鞭。朝辭爺孃去，暮宿黃河邊；不聞爺孃喚女聲，但聞黃河流水鳴濺濺。旦辭黃河去，暮至黑山頭：不聞爺孃喚女聲，但聞燕山胡騎聲啾啾。

萬里赴戎機，關山度若飛。朔氣傳金柝，寒光照鐵衣。將軍百戰死，壯士十年歸。

歸來見天子，天子坐明堂。策勳十二轉，賞賜百千強。可汗問所欲，「木蘭不用尚書郎，願借明駝千里足，送兒還故鄉。」
爺孃聞女來，出郭相扶將。阿姊聞妹來，當戶理紅妝。小弟聞姊來，磨刀霍霍向豬羊。開我東閣門，坐我西閣床。脫我戰時袍，著我舊時裳。當窗理雲鬢，對鏡貼花黃。出門看火伴，火伴皆驚惶：「同行十二年，不知木蘭是女郎。」
雄兔腳撲朔，雌兔眼迷離。兩兔傍地走，安能辨我是雄雌？

譯文

織布所發出的聲音不停地從木蘭家裡傳出來。這時候沒聽到織布聲卻聽到木蘭的嘆息聲，問木蘭是在思索什麼事？想什麼事？「木蘭沒有胡思亂想，只是昨天看到父親的徵召令，朝廷招募很多軍隊，徵召冊上有父親的名字，父親沒有大兒子，木蘭沒有兄長，木蘭願意到市集準備馬匹需要用的配件，代父親出征。」

到東邊的市集買駿馬，西邊的市集買馬鞍，南邊的市集買控制馬匹的韁繩，北邊的市集買長鞭。早上告別父親，傍晚就到了黃河邊紮營，這時候沒有聽到父親呼喚木蘭的聲音，只有聽到黃河的流水聲。一大早離開黃河，傍晚到了荒涼的山頭旁，這時沒有聽到父親的呼喚聲，只有戰場上駿馬的聲音。

跋山涉水遠赴戰場，一次又一次的戰鬥迅速往前邁進，北方寒冷的天氣讓戰地生活更辛苦，英勇的戰士經過千百次的戰鬥，終於回到故鄉。

回來見到天子，天子坐在上位慰勞將士，賞賜軍功，天子問木蘭需要什麼，木蘭回答說：「他不想當官，只希望趕快回到故鄉。」

父親聽到木蘭回來了，到城外迎接他，姊姊聽到木蘭要回來，開始打扮起來，小弟聽到姊姊要回來，殺豬宰羊準備慶祝一番。木蘭回到家打開房門，坐在床上，脫掉戰袍換上女生的衣服，對著鏡子打扮。到了門外招呼同伴，同伴看了都非常驚訝，「一起生活這麼久，竟然不知木蘭是女生。」

雄的兔子和雌的兔子走在一起，怎麼能分辨出來呢？

作者介紹

木蘭詩是北朝古詩，是由民間流傳的，作者不詳。這首詩共六十二句，三百二十八字，載於《樂府詩集》卷二十五，是漢魏六朝樂府中難得的敘事長篇。藉著淺白流暢的語言，引人興味的情節，來刻畫一位柔中帶剛、移孝作忠的巾幗英雄形象。透過現實生活的描寫來烘托，並採用濃厚的民歌情調來描繪此英雄形象，在寫實中蘊含穩健清新。

導讀

你同意這樣的說法嗎？「你是女生，不可以做這些男生做的事情！」女生應該很不服氣吧！

在古代，木蘭完成了一件只有男生可以做的事，證明許多事情並不是用性別來區分。「可汗大點兵」，卷書上有木蘭父親之名，由於木蘭的父親年長力衰，又加上「阿爺無大兒，木蘭無長兄」，所以木蘭「從此替爺征」。表現出她代父從軍的孝心。「萬里赴戎機，關山度若飛」木蘭出征節節勝利，由此可知，木蘭巾幗不讓鬚眉。「壯士十年歸」木蘭終於凱旋歸來。沒想到換了女裝，她的同伴都感到驚訝，不知道木蘭是女生，最後以「雄兔腳撲朔，雌兔眼迷離。兩兔傍地走，安能辨我是雄雌？」讓木蘭女扮男裝的成功作爲故事完美的結局。

我們讀過很多英勇的戰士保國衛民、奮勇殺敵的故事，記載中幾乎沒有女生名列其中。木蘭爲了表示對父親的孝順而投效軍中，但是在大男人的天下，她卻必須隱藏自己的女性身分。現今的軍隊已經有女軍官，甚至戰鬥單位也可以看到女性的身影，所謂「巾幗不讓鬚眉」，女性表現出來的成就不一定會輸給男性。

在講求男女平等的現代社會裡，以往認爲只有男生可以做的事，女生也可以完成，誰說「女人，妳的名字是弱者」呢？

閱讀思考站

1.〈木蘭辭〉給你的最大啓示是什麼？

2.你覺得木蘭最了不起的地方是什麼？

3.你可否舉出哪位女性在社會上成功的例子？

語文加分區

◎字字必「較」

1.文中朔氣傳金「柝」，音「ㄊㄨㄛˋ」。

2.「析」音「ㄒㄧ」。

3.「折」音「ㄓㄜˊ」。

「字形」小小的不同，「讀音」卻大大的不一樣。

鐘莛說

歐陽修

甲問於乙曰：「鑄銅爲鐘，削木爲莛①，以莛叩鐘，則鏗然②而鳴；然則聲在木乎？在銅乎？」乙曰：「以莛叩③垣牆則不鳴，叩鐘則鳴，是聲在銅。」甲曰：「以莛叩錢積則不鳴，聲果在銅乎？」乙曰：「錢積實，鐘虛中，是聲在虛器之中。」甲曰：「以木若泥爲鐘，則無聲；聲果在虛器之中乎？」

①莛：撞木
②鏗然：聲音響亮有力。
③叩：打、擊。

譯文

某甲問某乙說：「用銅鑄成大鐘，把木頭削成撞木，用撞木打擊銅鐘就發生鏗鏗的聲音。

如此一來，鏗鏗聲是來自木頭的聲音呢？還是來自銅的呢？」

乙說：「用撞木敲打低矮的牆，就不會發出聲響；敲打銅鐘，就會發出聲響。那麼，這聲音就是發自銅了。」

甲說：「用撞木撞擊堆積的銅錢，就發不出聲音。那麼聲音確實是發自銅嗎？」

乙說：「堆積的銅錢是實心，而銅鐘中間是虛空的，這聲音應該來自虛空的器物當中。」

甲說：「用木頭或者泥巴做成鐘，就不會發出聲音，那麼，聲音確實是發自虛空的器物之中嗎？」

☺作者介紹

歐陽修，字永叔，號「醉翁」、「六一居士」，是一位傑出博學的散文家，宋代散文革新運動的卓越領導人，唐宋八大家之一。由於憂國憂民，剛正直言，歐陽修宦海升沉，歷盡艱辛。他取韓愈「文從字順」的精神，極力反對浮靡雕琢的文章，提倡簡而有法、流暢自然的風格，作品內涵深廣，形式多樣，語言精緻，富有情韻和音樂性。著有〈醉翁亭記〉、〈秋聲賦〉等。

導讀

當別人跟你的意見不同時，你會怎麼辦？人的知覺很靈敏，你的朋友生氣或快樂，相信你多少都能感受出來。而當週遭的環境有了變化，如果你能仔細體會，也一定能感受到。

這篇文章明明可以用耳朵去分辨聲音的來源，卻一定要用問題來辨別，是不是昧於事實不知用感官來察覺。個人的主觀意識太過強調，也就沒辦法看淸楚事情的眞相。一件事情的始末，是因爲有很多的主客觀因素所影響，絕對不是單從一面來看，若單從一面來看，很容易失去事情的眞相。

從這一篇文章來看，聲音旣不是銅所產生，也不是在空，但旣離不開銅，也離不開空，更是離不開撞木擊鐘這一條件。所以千萬不要固執己見，以免失去探討事情的眞面象。

閱讀思考站

1. 看完這篇文章，你覺得鐘聲如何產生？
2. 讀完這篇文章，你有什麼感想？
3. 對一件事情的看法，應該抱持什麼態度？

語文加分區

1. 時鐘的「鐘」常常被誤寫成「鍾」，注意這二字的不同處：

　金＋童＝「鐘」：（時鐘、鐘聲）

2. 成語

　暮鼓晨鐘：佛寺中，早晚敲擊鐘鼓以報時。喻使人警悟的言論。又作「朝鐘暮鼓」、「晨鐘暮鼓」。

　盜鐘掩耳：有人偷得一口鐘，想要背著走，但因巨大無法背負，想擊碎它，但撞擊時會有鐘聲，恐怕他人聽到聲音來搶奪，於是掩上耳朵，以爲這樣自己聽不見，那麼別人也就聽不到了。或作「盜鈴掩耳」、「竊鈴掩耳」。用來比喻自己欺騙自己且妄想藉以瞞騙他人，就是「自欺欺人」。

晏子使楚

戰國《晏子春秋》

晏子使楚，以晏子短①，楚人爲小門於大門之側而延②晏子。晏子不入，曰：「使狗國者，從狗門入；今臣使楚，不當從此門入。」儐者④更道從大門入，見楚王。王曰：「齊無人耶？」晏子對曰：「臨淄三百閭③，張袂成陰⑤，揮汗成雨，比肩繼踵⑥而在，何爲無人？」王曰：「然則子何爲使乎？」晏子對曰：「齊命使，各有所主，其賢者使使賢王⑦，不肖者使使不肖王。嬰最不肖，故直使楚矣。」

---

①以晏子短：因爲晏子身材矮小。以，因爲。

②延：迎接。

③儐者：接待賓客的人。

④臨淄三百閭：臨淄城有三百條閭巷。臨淄，齊國都，故城在今山東省廣饒縣南，因都城濱臨淄河東岸，故名臨淄。閭，古代齊將二十五家編爲一起，稱閭。即所謂「五家爲比，五比爲閭。」三百閭是泛指街道居民很多，都城極爲繁華，人口稠密。

⑤張袂成陰：張開衣袖能使白天成陰，遮住天上的太陽。袂，衣袖。

⑥比肩繼踵：人多得肩緊靠

譯文

晏子出使楚國，因爲晏子身材矮小，楚國人特意在大門旁邊開了一扇矮門，迎接晏子。晏子不肯進去，說：「出使到狗國的人，才從狗洞中進去。現在我出使楚國，不應該從這狗門進去。」接待的人只好改道，迎引晏子從大門進去。見到了楚王，楚王問：「齊國沒有人了嗎？怎麼派你來當使者？」晏子回答說：「齊國臨淄有好幾百條街巷，人們張開衣袖，就能陰天蔽日；揮灑起汗水，就能像天下雨一般；人多得肩挨著肩，腳碰著腳，怎能說沒有人呢？」楚王又問：「既然這樣，那爲什麼要派您出訪呢？」晏子回答說：「齊國派遣使臣，各有各的專職，賢能的人，派遣他到賢能的國君那裡當使臣；不成器的人，便派他到不成器的國君那裡。我晏嬰，是最不成器的，所以應當出使楚國來。」

著肩，腳緊接著腳。比，並列；緊靠。踵，腳後跟。

⑦其賢者使使賢王：齊國賢能的人派遣他出使賢能的國君。前一個「使」，動詞，派遣。後一個「使」，出使。

☺作者介紹

本書爲春秋時期齊國宰相晏嬰（被尊稱爲晏子）的言行錄，也有只稱「晏子」的，並非爲晏嬰本人所寫，而爲戰國至漢代時人所編。

全書分內篇六篇和外篇兩篇，錄有兩百一十五則對話。「晏子春秋」的「春秋」兩字，是因爲內容以各項對話爲主，泰半依晏嬰年代順序而收錄，所以才取名「晏子春秋」。

導讀

在學校裡有時候會遇到對你不禮貌的同學，故意做些事爲難你，譬如說，把教室的門擋住不讓你從這裡進來，這時候你會怎麼辦？從這篇故事裡也許不能提供你解決問題的方法，但是晏子應變的處事能力，卻值得小朋友學習。

在古代，國與國之間的交往，就會派出外交官進行溝通。如果外交官沒有適當的反應，很可能讓自己的國家蒙羞了。晏子到楚國時所遭受的待遇，還好晏子有機警的反應，不然小則讓外國恥笑，大則帶來滅亡。我們從晏子的反應中，可以知道他是多麼機智，讓輕視他的人佔不到一點便宜。

晏子奉齊王的命令到楚國來，楚國人看到晏子個頭矮小，故意不讓晏子走大門，打開旁邊的小門要迎接晏子，以小人應該走小門的方式來侮辱晏子，可是晏子不上當，用反諷的語氣讓楚國開大門迎接他。楚王看見晏子也故意要他出醜，結果晏子自我嘲諷，連帶讓楚王自己覺得臉上無光，在言語間見到晏子的伶牙俐齒，使外國不會小看自己的國家。

當別人用言語戲弄的時候，作爲外交使者的晏子，他的表現令人激賞。從古觀今，如果有人諷刺你的時候，你能否像晏子一樣，表現出臨場機智加以反駁，而不是用激烈行爲反應？這是情緒管理非常好的人才做得到。古時候的晏子可以，你可以嗎？

閱讀思考站

1. 你覺得楚國爲什麼對晏子的出訪給予屈辱？
2. 看完這篇文章，你覺得晏子的表現讓你有何感想？
3. 接待客人，你覺得應該如何做才不會失禮？

語文加分區

1.比肩繼踵：踵，腳後跟。比肩繼踵指肩並著肩，腳接著腳。形容人多而紛雜。

2.晏子的「晏」除可當姓氏外，還有別的解釋喔！

晏：天晴無雲。如：「天清日晏」。

晏：晚、遲。如：「晏起」。

晏：安。如：「晏居」、「晏樂」。

用真才實力向他人證明自己是最棒的

馮諼客孟嘗君

《國策》

齊人有馮諼者，貧乏不能自存，使人屬孟嘗君，願寄食門下①。孟嘗君曰：「客何好？」曰：「客無好也。」曰：「客何能？」曰：「客無能也。」孟嘗君笑而受之，曰：「諾！」左右以君賤之也，食以草貝②。居有頃，倚柱彈其劍，歌曰：「長鋏歸來乎③！食無魚！」左右以告。孟嘗君曰：「食之，比門下之客。」居有頃，復彈其鋏，歌曰：「長鋏歸來乎！出無車！」左右皆笑之，以告。孟嘗君曰：「爲之駕，比門下之車客。」於是，乘其車，揭其劍，過其友，

---

①寄食門下：寄託在門下當食客。

②食以草貝：拿粗劣的食物給他吃。食，拿食物給人。草貝，粗劣的食物。

③長鋏歸來乎：長鋏，指長劍。鋏，劍鞘。歸來乎，回去吧。

曰：「孟嘗君客我！」後有頃，復彈其劍鋏，歌曰：「長鋏歸來乎！無以爲家④！」左右皆惡之，以爲貪而不知足。孟嘗君問：「馮公有親乎？」對曰：「有老母！」孟嘗君使人給其食用，無使乏。於是馮諼不復歌。

後孟嘗君出記⑤，問門下諸客：「誰習計會，能爲文收責於薛者乎？」馮諼署曰：「能！」孟嘗君怪之曰：「此誰也？」左右曰：「乃歌夫長鋏歸來者也。」孟嘗君笑曰：「客果有能也。吾負之，未嘗見也。」請而見之，謝曰：「文倦於事，憒於憂，而性懧愚，沈於國家之事，開罪於先生。先生不羞，乃有意欲爲收

---

④無以爲家：無法養活家人。

⑤出記：貼出布告。

責於薛乎？」馮諼曰：「願之！」於是，約車治裝，載券契而行，辭曰：「責收畢，以何市而反？」孟嘗君曰：「視吾家所寡有者！」驅而之薛。使吏召諸民當償者，悉來合券？券偏合，起矯命⑥，以責賜諸民，因燒其券，民稱萬歲。長驅到齊，晨而求見。孟嘗君怪其疾也，衣冠而見之，曰：「責畢收乎？來何疾也？」曰：「收畢矣！」「以何市而反？」馮諼曰：「君云視吾家所寡有者。臣竊計君宮中積珍寶，狗馬實外廄，美人充下陳。君家所寡有者以義耳！竊以爲君市義。」孟嘗君曰：「市義奈何？」曰：「今君有區區之薛，不拊愛子其民，因而賈利之。臣竊矯君命，以責賜諸民，因

---

⑥起矯命：詐稱孟嘗君的命令。

燒其券，民稱萬歲，乃臣所以爲君市義也。」孟嘗君不說，曰：「諾！先生休矣！」

後朞年，齊王謂孟嘗君曰：「寡人不敢以先王之臣爲臣！」孟嘗君就國於薛⑦，未至百里，民扶老攜幼，迎君道中。孟嘗君顧謂馮諼曰：「先生所爲文市義者，乃今日見之。」

馮諼曰：「狡兔有三窟⑧，僅得免其死耳。今君有一窟，未得高枕而臥也。請爲君復鑿二窟。」孟嘗君予車五十乘，金五百斤，西遊於梁，謂惠王曰：「齊放其大臣孟嘗君於諸侯，諸侯先迎之者，富而兵強！」於是，梁王虛上位，以故相爲上將軍，遣使者黃金千

---

⑦就國於薛：歸返受封的薛邑。

⑧狡兔有三窟：比喻藏身的地方多，便於避禍。窟，洞穴。

斤，車百乘，往聘孟嘗君。馮諼先驅，誡孟嘗君曰：「千金，重幣也；百乘，顯使也。齊其聞之矣！」梁使三反，孟嘗君固辭⑨不往也。

齊王聞之，君臣恐懼，遣太傅齎黃金千斤、文車二駟，服劍一，封書謝孟嘗君曰：「寡人不祥，被於宗廟之祟，沈於諂諛之臣，開罪於君。寡人不足爲也。願君顧先王之宗廟，姑反國統萬人乎？」馮諼誡孟嘗君曰：「願請先王之祭器，立宗廟於薛。」廟成，還報孟嘗君曰：「三窟已就，君姑高枕爲樂矣！」

孟嘗君爲相數十年，無纖介之禍者，馮諼之計也。

---

⑨固辭：堅決推辭。

譯文

齊國有個叫馮諼的人，生活過得非常貧困，他託人介紹自己給孟嘗君，希望在孟嘗君門下混口飯吃。孟嘗君問「客人有什麼喜好？」來人說：「客人沒什麼喜好。」孟嘗君問：「客人有什麼才能？」來人說：「沒有什麼才能。」孟嘗君笑著答應說：「好吧！」左右的人認爲孟嘗君輕視他，就讓他吃粗劣的食物。過了不久，馮諼靠在柱子上彈著他的長劍唱道：「長劍啊，咱們回去吧，吃飯沒有魚。」左右的人把這件事告訴了孟嘗君，孟嘗君說：「照門下吃魚的待遇給他吃。」過了不久，馮諼又彈著他的劍，唱道：「長劍啊，咱們回去吧，出門沒有車。」左右的人都譏笑他，也把這件事告訴了孟嘗君。孟嘗君說：「讓他出門坐車吧，如同門下可以坐車的客人。」於是馮諼坐上他的車，舉著他的劍去拜訪他的朋友，說：「孟嘗君把我當客人對待。」這以後又過了一段時間，馮諼又彈起他的劍，唱道：「長劍啊，咱們回去吧！在這裡沒有辦法養家。」左右的人都很厭惡他，認爲他非常貪心，孟嘗君問：「馮先生有親人嗎？」他回答說：「有位老母親。」孟嘗君派人供給他的母親衣食費用，不讓她缺少什麼。從此，馮諼不再彈劍唱歌了。

後來孟嘗君貼出告示，問門下的客人：「有誰熟悉算帳理財，能夠替我到薛地去收債？」馮諼簽名說：「我能。」孟嘗君看了感到奇怪，就問：「這是誰呀？」左右的人說：「就是那個唱『長劍啊，咱們回去吧』的人。」孟嘗君笑著說：「這位客人果然有才能，我虧待了他，還沒有接見過他呢！」就派人請他來相見。孟嘗君道歉說：「我被政事弄得很疲倦，被憂慮弄得心煩，又生性懦弱愚笨，沉溺在國家的事務中，不知得罪了先生，先生不以為羞辱，還願意幫我到薛地去收債嗎？」馮諼說：「我願意去。」就準備車馬，整理行裝，裝著收債契約就準備出發。辭行的時候馮諼問：「債收完後，要買些什麼東西回來？」孟嘗君說：「看我家缺少什麼把它買回來。」

馮諼趕著車到了薛地，派官吏召集應該還債的百姓，都來核對債約，債約都核對完了，馮諼假傳孟嘗君的命令，把借款賞賜給百姓，就燒掉了他們的債約，百姓歡呼萬歲。馮諼馬不停蹄地趕回齊國都城，清晨就來見孟嘗君。孟嘗君對他這麼快回來感到很奇怪，就穿戴好衣帽去接見他，問道：「債收完了嗎？怎麼回來得這麼快？」馮諼說：「收完了。」孟嘗君又問：「用債款買了什麼回來？」馮諼說：「您說『看我家裡缺少什麼』，我私下考慮，您家裡堆滿了珍寶，良狗駿馬擠滿了外面的牲口棚，美女站滿了堂下。您家缺少的是『義』。我私下替您買回了『義』。」孟嘗君問：「買『義』要怎麼買？」馮諼說：「現在您只有一塊小小的薛地，不把那裡的百姓當作子女一樣愛護，卻用商人的手段向他們謀取利息。我已經私下假託您的命令，把債款賜給百姓了，因此燒了他們的債約，百姓歡呼萬歲，這就是我給您買的『義』。」孟嘗君不高興的說：「算了吧。」

過了一年，齊王對孟嘗君說：「我不敢把先王的臣子作爲我的臣子。」孟嘗君只好回到自己的封地薛地去住。走到離薛地還有一百里的地方，百姓扶老攜幼，在大路上迎接孟嘗君，孟嘗君回頭對馮諼說：「先生替我買的『義』，竟在今天看到了。」

馮諼說：「聰明的兔子有三個洞穴，僅僅能夠免除死亡。如今您只有一個洞穴，還不能高枕無憂啊。請讓我爲您再鑿兩個洞穴。」孟嘗君給他車子五十輛，黃金五百斤，到西方去游說梁國。馮諼對梁惠王說：「齊王放逐他的大臣孟嘗君到諸侯國去，先迎接他的諸侯，能使自己的國家富足，軍隊強大。」於是梁惠王空出最高的官位，把原來的相國調任做上將軍，派遣使者帶著黃金千斤，馬車百輛去聘請孟嘗君。馮諼搶先回來告訴孟嘗君說：「黃金千斤，是貴重的聘禮，車子百輛，是顯赫的使者，齊王大概聽到這件事了。」梁國的使者往返了多次，孟嘗君堅決推辭不去。

齊王聽到這些情況，君臣都很恐慌，就派大傅送去黃金千斤，華麗的車子二輛，佩劍一把，寫好書信向孟嘗君道歉說：「我不好，遭受祖宗降給的災禍，被諂媚逢迎的奸臣所迷惑，得罪了您。我是不值得您輔佐的，只希望您顧念先王的宗廟，暫時回來統率萬民吧。」馮諼告訴孟嘗君說：「希望您向齊王求得祭祀先王的禮器，在薛地建立宗廟。宗廟建成了，馮諼回去報告孟嘗君說：「三個洞穴已經鑿好，您姑且高枕而臥，過快樂日子吧。」

孟嘗君做了幾十年相國，沒有一丁點的災禍，這都是由於馮諼的計策啊。

作者介紹

《戰國策》為戰國史料的彙編，是一部國別史。但是，它寫史不記年月，文章片片斷斷，缺乏系統性和完整性。西漢成帝時，劉向加以整理，並取名為《戰國策》。至於它的作者，《史記》記載是「蒯通」，但是學者多認為此書可能是戰國末年，或秦漢間人，雜採各國史料編輯而成。

導讀

有些事明明自己會做，老師偏要別的同學去完成，好像自己沒辦法把事情做好，這樣的情節想起來真氣人。馮諼在孟嘗君身邊當食客的時候，幫助孟嘗君完成一些意想不到的事情，或許你也可以在這篇故事裡獲得啓發。

「懷才不遇」是許多賢能志士擔心發生的情況，但是回頭想想，當你還沒有嶄露頭角的時候，有人可以信任你、雇用你，這是心胸寬大的人才有辦法做到。

孟嘗君是齊國的貴族，他為了要鞏固自己在政治上的地位大肆延攬人才，只要願意投奔在他門下，他都收留下來，這種人叫作門客，也叫作食客。

孟嘗君門下食客大致分為三等，頭等的門客出外有馬車，一般的食客吃飯有魚肉，下等的門客就只能吃粗菜淡飯。當馮諼來到孟嘗君的門下時，孟嘗君把他當作下等門客對待，馮諼認爲自己不應該受到此等待遇，屢次擊劍而歌，告訴別人他要回去了，在這裡並沒有受到貴客的待遇，孟嘗君有容人雅量，逐次提高馮諼的待遇。孟嘗君家中食客衆多，爲了這些開銷，他在自己的封地「薛城」放貸收利息，馮諼自告奮勇要替孟嘗君收債，臨行之前，孟嘗君囑咐馮諼帶回家中缺少的東西。結果馮諼自作主張把借貸的契約燒毀，把百姓的情義帶回來，馮諼告訴孟嘗君家中缺少的正是情義，這樣的做法讓孟嘗君心中不高興。

後來孟嘗君遭到齊王革職，回到封地，老百姓夾道歡迎時，他才明白馮諼替他買的情義。除此之外，馮諼又引用外國勢力幫助孟嘗君恢復職位，也建議孟嘗君要求齊王在薛城設立宗廟，孟嘗君做了幾十年的相國沒有一點災禍，這都是由於馮諼的計策。

從這個故事可以知道，馮諼他知道自己的能力應該受到最好的待遇，可是孟嘗君要是沒有容人的雅量，相信馮諼早已離開，孟嘗君也就得不到如此優秀的幫手了。所以在上位者要有容人雅量，在下位者，不吝展現能力，才能相得益彰。

閱讀思考站

1. 馮諼為什麼屢次歌曰：「長鋏歸來乎」，他有什麼目的？
2. 馮諼為孟嘗君做了哪些事，讓他高枕無憂？
3. 如果你是馮諼，你會用什麼方法推銷自己，讓自己在孟嘗君門下有一席之地？

語文加分區

1. 孟嘗君姓什麼？

孟郊和孟浩然都是唐代詩壇上大名鼎鼎的人物，而且也都姓「孟」。而「戰國四公子」的孟嘗君，他可不姓「孟」喔！孟嘗君姓田名文，「孟嘗君」為其封號，實際上跟孟姓並無特別淵源。

2. 狡兔三窟：狡猾的兔子有三處藏身的洞穴。戰國策・齊策四：「狡兔有三窟，僅得免其死耳。」比喻有多處藏身的地方或多種避禍的準備。

我終於知道你為何不了解我

莊子秋水篇

莊子

莊子與惠子遊於濠梁①之上。莊子曰：「儵魚②出游從容，是魚樂也。」惠子曰：「子非魚，安知魚之樂？」莊子曰：「子非我，安知③我不知魚之樂？」惠子曰：「我非子，固不知子矣；子固非魚也，子之不知魚之樂，全矣。」莊子曰：「請循其本④。子曰『汝安知魚樂』云者，既已知吾知之而問我，我知之濠上也。」

①濠梁：濠水上的橋。濠，水名，在今安徽省境內。
②儵魚：魚名。一種銀白色的小魚。
③安知：如何知道。
④循其本：回到你原來講的話上。

譯文

莊子和惠子在濠水的橋上遊玩。莊子說：「儵魚在水中悠哉地游來游去，這大概就是魚的快樂吧！」惠子說：「你不是魚，怎麼知道魚的快樂？」莊子說：「你不是我，怎麼知道我不知道魚的快樂？」惠子說：「我不是你，確實不知道你快不快樂；但你也不是魚，自然也不知道魚的快樂。這個結論該算是全面吧！」莊子說：「請回到你原先講的話上。你剛才問我『你是怎麼知道魚的快樂』這句話，說明你已經承認我知道魚的快樂，然後才問我是怎麼知道的。（現在我告訴你）我是站在濠水橋上透過觀察知道的。」

作者介紹

莊子，戰國時期道家著名代表人物，據《史記》所說，名周，字子休，宋國（今河南商丘）人，與梁惠王、齊宣王同時。他生活貧困，但淡泊名利，平常以清靜修道爲主，楚王聞其賢德，曾派使者贈以千金並請他作宰相，被他拒絕。莊子學識淵博，交遊很廣，著有《莊子》一書。所著書五十二篇名曰莊子。唐玄宗時追號南華眞人，《莊子》得稱《南華眞經》。宋徽宗封微妙元通眞君。

導讀

你又不是我，爲什麼會認爲我心裡這樣想。說不出的心情，就這樣被別人認定是很鬱悶的。

在日常生活中別人常常不能體會我們的心情，而自以爲是的用自己的方法對待我們。當然他不是我，永遠不會知道我在想什麼，以致於所作所爲得到相反的效果。其實我們忽略了最簡單的方法，那就是開口詢問別人需求是什麼？需要什麼樣的對待？即使我們不是對方，都會了解對方的需求，也不至於產生誤會。

文章中，惠子想進一步了解莊子是怎麼知道魚的快樂，本來是很好的詢問，但惠子說「子非魚，安知魚之樂？」時，就承認莊子已經知道魚的快樂，難怪莊子會說「既已知吾知之而問我」。使這個很好的詢問得不到明確的答案。

以後知道了吧！如果要讓別人知道你的心情，最好自己說出來，而不是要別人不斷的臆測，或者默默的觀察，落得你最後還是要說「你爲何不了解我」。

閱讀思考站

1. 從這則故事中，你覺得誰說的有道理？
2. 我不是別人，怎麼做才能知道別人的內心想法？
3. 讀了這篇文章，你有什麼心得？

語文加分區

1. 儵讀作「條」還是「魚」？

你答對了嗎？儵讀作「ㄔㄡˊ」。

2. 莊子看到儵魚出遊從容，會知其樂，乃是因自己有相同的經驗；莊子以「樂」形容魚的心境，其實是把自己「樂」的心境投射到魚的身上。類似這樣的移情寫法，讓文學帶來更大的創作空間，例：「春蠶到死絲方盡，蠟炬成灰淚始乾」，就是移情的手法。又如周敦頤的「出淤泥而不染，濯清蓮而不妖」，見出君子的風範。

天瑞篇

列子

齊之國氏①大富，宋之向氏大貧。自宋之齊，請其術。國氏告之曰：「吾善爲盜，始吾爲盜也，一年而給，二年而足，三年大穰②。自此以往，施及州閭。」向氏大喜，喻其爲盜之言，而不喻其爲盜之道，遂踰垣鑿室，手目所及，亡不探也。未及時，以贓獲罪，沒其先居之財。向氏以國氏之謬己也，往而怨之。國氏曰：「若爲盜若何？」向氏言其狀。國氏曰：「嘻！若失爲盜之道至此乎！今將告若③矣。吾聞天有時，地有利。吾盜天地之時利，雲雨之滂潤，山澤之產育，以生

①齊之國氏：以國爲氏。春秋齊國有國氏，係姜姓所分出的公族。二百年間世代爲齊國執政，直至田氏專政爲止。

②大穰：禾實豐熟，引申爲豐盛。

③若：你。漢語的第二人稱，汝、爾、若、乃、你等字都是一聲之轉。

吾禾，殖吾稼，築吾垣，建吾舍。陸盜禽獸，水盜魚鱉，亡非盜也。

夫禾稼④、土木、禽獸、魚鱉，皆天之所生，豈吾之所有？然吾盜天而亡殃。夫金玉珍寶，穀帛財貨，人之所聚，豈天之所與？若盜之而獲罪，孰怨哉？」向氏大惑，以爲國氏之重罔己也，過東郭先生問焉。東郭先生曰：「若非一身庸非盜乎？盜陰陽之和以成若生，載若形，況外物而非盜哉？誠然，天地萬物不相離也，仞而有之，皆惑也。國氏之盜，公道也，故亡殃；若之盜，私心也，故得罪。有公私者，亦盜也；亡公私者，亦盜也。公公私私，天地之德。知天地之德者，孰爲盜邪？孰爲不盜邪？」

---

④稼：穀物。

譯文

齊國的國氏很富有，宋國的向氏很貧窮。向氏便從宋國到齊國，向國氏請教致富的方法。國氏告訴他說：「我善於做盜賊，剛開始爲盜賊時，第一年夠用，第二年充足，第三年則大豐收。從此以後，把我得到的與鄉里分享。」向氏很高興，了解國氏所說的去當盜賊，而不了解他做盜賊的方法，便跳人家的圍牆，鑿人家的房屋，凡是摸到、看到的地方，都去偷取。沒有多久，就被查獲贓物，連以前所有的財產都被沒收。向氏認爲國氏欺騙自己，到齊國對國氏抱怨。國氏說：「你做了盜賊，怎麼樣呀？」向氏把情形都告訴他。國氏說：「唉！你怎麼把做盜賊的方法用錯方向呢？現在就告訴你吧！我聽說：天有四時，地有土利。我盜取天地的時利，雲雨的沾潤，山澤的化育，用以來生長我的禾穀，種植我的莊稼，建築我的圍牆，建造我的房屋。從大地中盜取禽獸，從水中盜取魚鱉，沒有一樣不是盜取。

禾穀、莊稼，建築用的土、木，禽、獸、魚、鱉，都是自然的東西，怎麼會是我個人的呢？可是我是向天地自然盜取的而沒有災禍。金玉珍寶、穀帛財貨已是別人儲積的東西，那裡是天所給與呢？而你去盜取這些東西而得到罪刑，要怨誰呢？」向氏聽了很疑惑，以爲國氏又在騙他自己，就去訪問東郭先生。東郭先生說：「你的身體不也是盜來的嗎？盜取陰陽交和以生成你的生命、你的身體，況且身外之物那一樣不是盜來的呢？的確萬物中沒有一樣是可離天地而單獨存在的，但是每個人認爲都可以擁有它，這就是感到疑惑的事情。國氏的盜取，是因爲公有的道理，所以無災禍；你的盜取，是由於私心，所以得到罪刑。然而不管是由於公道或私心都是盜取，即是沒有公道和私心，對自身的存在也是盜取。人和萬物都生於天地之中，自身的私，和身外的公，是沒有區分的，都是天地的自然法則。了解天地自然的法則，就能分辨什麼是盜，什麼是不盜了。」

作者介紹

列子稱列御寇，或稱列圄寇，是戰國時早期道家代表人物之一。據《歷世眞仙體道通鑑》記述，列子是鄭國人，他居住在鄭國四十年，無人知其是何人。因《莊子》書中記載了很多關於列子的傳說，故《漢書》認爲他生活的年代早於莊子時，而列子與楊朱大致同時。

列子雖窮卻拒絕權貴的接濟而退隱山林。其弟子嚴恢問之曰：「所有聞道者爲富乎？」列子曰：「桀紂唯輕道而重利是以亡！」列子認爲應擺脫人世間貴賤、名利的羈絆，順應大道，淡泊名利，清靜修身。

在著作方面，列子著書有舊本二十篇，多寓言。西漢劉向去其重複，存者八篇。一直流傳到現在。當然，關於現存《列子》書的眞僞，學者們尚存爭論。而其思想，秉要執本，清虛無爲，其治身，務崇不競，合於六經。

導讀

初讀此篇文章，一定會覺得非常奇怪，爲什麼齊國的國氏可以堂而皇之的教別人偷竊，而宋國的向氏學了之後，卻被人以竊盜罪把所有的財產沒收？仔細分辨兩者，才知道原來是作爲竊盜的方法不同。

齊國國氏所說的竊盜，是認爲自己從大自然獲取的東西，即是向自然竊取，不管是種植作物所得，蓋房子所用的一磚一瓦都是自然給予的，但是有經過自然的同意嗎？這樣的問題沒有人可以提供答案，相信也沒有人大言不慚的說是屬於個人的，所以國氏認爲自己善於作盜賊，累積的財富用來照顧鄉里。

宋國的向氏聽到國氏善於作盜賊的話，不明白國氏所說作盜賊的方式，在鄉里間拿別人東西佔爲己有，因此遭受刑罰。後來向東郭先生請教之後，才明白世界上所有的東西都不能獨自存在，如此一來，所有的東西你還能不能單獨擁有它，這是一件非常疑惑的事。這時我們會覺得更奇怪，如果我們都不能擁有任何東西，個人的存在又是爲了什麼？

國氏善於向自然竊取財貨，累積很多財富，而不會遭受刑罰；向氏不會則貧窮，繼而竊取別人財貨而遭受刑罰。在列子的心目中，人和萬物都生長在大地中，人們應該了解萬物的變化，並順應自然的法則運作。

向大自然巧取豪奪，則可能遭致更大的禍害。像近來大地反撲，如洪水爆發、土石流侵蝕家園、河流潰堤等，都一再告誡我們，要了解大自然的法則，在竊取自然時，也應懂得適可而止。

閱讀思考站

1. 齊國國氏為什麼說他的財富都是盜取來的？
2. 宋國的向氏聽了齊國國氏的話，做了什麼事而受到刑罰？
3. 你覺得我們從自然得到的東西算不算是竊取？

語文加分區

人的生命本出自天地，其生存亦必須依賴天地，故盜萬物為己用亦為必要。例如水，是人們日常生活中不可缺少的東西，故人盜水以自用，這是有利之處。但如失去控制，水會成災，禍害於人。所以盜取天地萬物的過程，亦是對自然的認識過程。我們應尊重自然客觀規律的基礎，把握住事物發展的關鍵，以追求萬物昌盛、天人共安的理想社會。

真正遊覽山水的開始

始得西山宴遊記

柳宗元

余爲僇人①，居是州，恆惴慄②。其隙也，則施施③而行，漫漫而遊。日與其徒上高山，入深林，窮迴谿。幽泉怪石，無遠不到；到則披草而坐，傾壺而醉；醉則更相枕以臥，意有所極，夢亦同趣；覺而起，起而歸。以爲凡是州之山有異態者，皆我有也，而未始知西山之怪特。

今年九月二十八日，因坐法華西亭，望西山，始指異之。遂命僕人過湘江，緣染溪，斫榛莽④，焚茅茷，窮山之高而止。攀援而登，箕踞而遨，則凡數州之土

---

①僇人：被貶之人。
②惴慄：憂懼不安。
③施施：喜悅自得的樣子。
④斫榛莽：砍伐雜亂叢生的樹木和野草。

壤，皆在衽席之下。其高下之勢，岈然洼然⑤，若垤若穴；尺寸千里，攢蹙累積，莫得遯隱⑥；縈青繚白⑦，外與天際，四望如一。然後知是山之特出，不與培塿⑧爲類。悠悠乎與顥氣俱⑨，而莫得其涯！洋洋乎與造物者遊，而不知其所窮！引觴滿酌⑩，頹然就醉，不知日之入，蒼然暮色，自遠而至，至無所見，而猶不欲歸。心凝形釋，與萬化冥合。然後知吾嚮之未始遊，遊於是乎始，故爲之文以志。是歲，元和四年也。

---

⑤岈然洼然：隆起深陷。

⑥尺寸千里攢蹙累積，莫得遯隱：千里之遙的景物，都收縮聚集在尺寸之間，一覽無遺，沒有一物能逃離視野。

⑦縈青繚白：指白雲環繞山間。

⑧培塿：小土丘。

⑨悠悠乎與顥氣俱：西山高大久遠，和天地大氣同生。

⑩引觴滿酌：「觴」指酒杯，拿起裝滿酒的酒杯暢飲。

☺作者介紹

柳宗元（西元七七三～八一九年）字子厚，唐河東解（ㄒㄧㄝˋ）縣人。爲唐宋古文八大家之一。著有四百多篇古文，是文學史上傑出的現實主義散文家，結合內容和形式看，可分爲論說、傳記、寓言、遊記四大類。他的論說，主要內容表現了他的進步思想和對專制黑暗政治的批判，代表作有《天說》、《封建論》、《非國語》、《捕蛇者說》等。他的山水遊記，是貶官永州後的作品，清新秀美，富有詩情畫意，情景交融，代表作有《永州八記》。寓言作品短小警策，含意深遠，傳記文刻劃精細，形象鮮明。遊記刻劃自然景物，精細入微，借景抒情，新穎獨創，被視爲古代山水遊記中的經典之作；它對晚明的山水小品和清代姚鼐、龔自珍的遊記，有不小的影響。著有《柳河東集》。

導讀

當你被爸媽罵或考試考砸了、好友誤會你了，你是否會眺望遠山，讓自己轉換心情呢？當你願意爬上一座高山，讓自己鳥瞰山下的奇景時，一定會和作者一樣讚嘆造物者的奇妙。本文是《永州八記》的第一篇，全文駢散互用，這是柳宗元被貶爲永州司馬時所做。當他在失意的時候，每天和同伴登高山、入深林，藉著山川景物的描述，抒發自己的遭遇和鬱悶，以爲全永州都去過了，直到發現西山並與眾人登上山後，才知道西山的特殊，當然也藉文章突顯他的品格與獨行。

放學後當你一個人回到家，迫不及待打開電腦，玩著線上遊戲，忘了肚子餓、忘了功課未做、把媽媽交代的事完全忘得一乾二淨，不知時間的存在。就如同作者一樣，因為居高臨下，附近幾州的所有土地盡收眼底，千里的景物，也都收縮在尺寸之間；感受到和天地大氣同生，西山的遼闊無際，更讓人覺得與天地共存，高興之餘，喝醉了，也忘了時間的存在。

作者第一次體會到讓自己完全放空，和大自然融為一體的感覺，即使夜晚來臨，都不想下山。此時，他的心境面臨一個很大的轉變，有新的體驗和新的開始，而深刻覺察這才是真正遊賞的開始，因而寫下《永州八記》的第一篇遊記。本文以短句為主，有時是駢體文、有時又有散文的味道，並運用頂真、錯綜及映襯的修辭，文筆簡雅俊潔，文辭精巧優美，你可試著找出其中的美麗詞句。

閱讀思考站

1. 試著說說看，文中「然後知是山之特出，不與培塿為類」暗喻的是什麼？
2. 你知道《永州八記》是哪八記嗎？它可是前後連貫，但各篇獨立的文章喔！
3. 請你試著畫下柳宗元坐在西山上往下俯瞰的圖畫一張。
4. 找一天邀請爸媽帶你去爬山，在山上讓自己學習看山、看雲、看樹，傾聽大自然的聲音，發現大自然的奧秘吧！

語文加分區

1. 請選擇適合的詞填在（　　）中【痲醉、醉心、宿醉、醉畫】。

小明的父親（　　）於畫畫，喜愛喝酒的他，經常是酒後作畫，來買畫的人都指定要買（　　）。但因爲經濟不景氣，沒有人買他的畫，於是父親天天喝酒，到了隔天還酒醉，媽媽提醒他你不可以老是（　　）。有一天父親肚子痛，緊急送到醫院，醫生說需要動大手術，而且要先幫他（　　）。

2. 生活名句欣賞

悠悠乎與灝氣俱，而莫得其涯。

洋洋乎與造物者遊，而不知其所窮！

像電熨斗的潭

鈷鉧潭西小丘記

柳宗元

得西山後八日，尋山口西北道二百步，又得鈷鉧潭。潭西二十五步，當湍而浚者，爲魚梁①。梁之上有丘焉，生竹樹。其石之突怒偃蹇②，負土而出，爭爲奇狀者，殆不可數：其嶔然相累③而下者，若牛馬之飲於溪；其衝然角列④而上者，若熊羆⑤之登於山。

丘之小不能一畝，可以籠而有之。問其主，曰：「唐氏之棄地，貨而不售。」問其價，曰：「止四百。」余憐而售之。李深源、元克己時同遊，皆大喜，出自意外。即更取器用，鏟刈穢草⑥，伐去惡木，烈火而焚

---

①湍而浚者爲魚梁：湍，水急流。浚，深。魚梁：一種捕魚的設置。

②突怒偃蹇：高聳突出的樣子。

③嶔然相累：嶔，高聳的樣子。累，互相重疊。

④衝然角列：如犄角般的對立排列，直衝而上。

⑤熊羆：羆，動物名，形大於熊，毛黑褐色，產於寒帶山麓間。

⑥鏟刈穢草：刈，割草。穢草：雜草。

之。嘉木立，美竹露，奇石顯。由其中以望，則山之高，雲之浮，溪之流，鳥獸之遨遊，舉熙熙然迴巧獻技⑦，以效⑧茲丘之下。枕席而臥，則清泠之狀與目謀⑨，瀯瀯⑩之聲與耳謀，悠然而虛者與神謀，淵然而靜者⑪與心謀。不匝旬⑫而得異地者二，雖古好事之士，或未能至焉。

噫！以茲丘之勝，致之灃鎬鄠杜⑬，則貴游之士爭買者，日增千金而愈不可得。今棄是州也，農夫、漁父，過而陋⑭之。賈四百，連歲不能售。而我與深源、克己獨喜得之，是其果有遭乎？書於石，所以賀茲丘之遭也。

---

⑦熙熙然迴巧獻技：熙，和樂的樣子。迴巧獻技：表現其技能。

⑧效：呈現

⑨清泠之狀與目謀：泠，清涼。清新涼爽的情狀充滿眼前。

⑩瀯瀯：水流聲。

⑪淵然而靜者：沉沉靜謐的氣氛。淵然：深沉的樣子。

⑫不匝旬：匝，滿。不滿十日。

⑬灃鎬鄠杜：灃，水名，此借為酆，地名。鎬，在陝西省長安縣西北。鄠，皆地名，唐時皆在京師長安之郊。

⑭陋：輕賤、看不起。

譯文

找到西山後的第八天，循著山口向西北走兩百步，又發現了鈷鉧潭。離潭西二十五步，正當水深流急的地方安置著捕魚用的魚梁。魚梁上有小丘，長滿了竹子和樹木。小丘上的石頭拔地而起，破土而出，爭著做奇形怪狀，多得數不清。那些一個挨一個相疊在下面的，好像牛馬在小溪旁喝水；那些高聳突出，如犄角斜列往上衝的，好像熊羆在登山。

這小丘的面積不足一畝，卻全把這些包容在裡面。詢問主人是誰？有人說：「這是姓唐不要的地方，想出售而沒人買。」問它的價錢說：「只要四百錢。」我很喜歡它，就買了下來。李深源、元克己這時和我一道遊，他們都非常高興，認為是出乎意料的收穫。我們就拿起器具鋤頭清除雜草，砍掉那些亂七八糟的樹，點起一把大火把它們燒掉。好看的樹木竹子顯露出來了，奇峭的石頭也呈現出來了。站在其中眺望，只見四面的高山，天上的浮雲，潺潺的溪流，飛禽走獸遨遊，全都自然融洽地貢獻他們的技藝，在小丘下表演。枕著蓆子躺下，清澈明淨的溪水使我眼目舒適，潺潺的水聲分外悅耳，那悠遠恬靜幽深的境界使人心曠神怡。不到十天，就得到二處特殊的地方，即使古代愛好山水的人，恐怕都不能辦得到呢！

唉！就憑這小丘優美的景色，如果把它放到京都附近的灃、鎬、鄠、杜等地，那麼，喜歡遊覽觀賞的人士爭著來買它，每天增加千金，恐怕都買不到。如今被捨棄在這荒僻的永州，種田的、打魚的從這裡走過也瞧不上眼，售價只有四百文錢，連年賣不出去。而我和深源、克己私自慶幸得到，這大概是它眞的碰到能欣賞他的人！我把這篇文章寫在石碑上，爲著祝賀這小丘碰到欣賞他的人。

作者介紹

柳宗元（西元七七三～八一九年）字子厚，唐河東解（ㄒㄧㄝˋ）縣人。爲唐宋古文八大家之一。著有四百多篇古文，是文學史上傑出的現實主義散文家，結合內容和形式看，可分爲論說、傳記、寓言、遊記四大類。他的論說，主要內容表現了他的進步思想和對專制黑暗政治的批判，代表作有《天說》、《封建論》、《非國語》、《捕蛇者說》等。他的山水遊記，是貶官永州後的作品，清新秀美，富有詩情畫意，情景交融，代表作有《永州八記》。寓言作品短小警策，含意深遠，傳記文刻劃精細，形象鮮明。遊記刻劃自然景物，精細入微，借景抒情，新穎獨創，被視爲古代山水遊記中的經典之作；它對晚明的山水小品和清代姚鼐、龔自珍的遊記，有不小的影響。著有《柳河東集》。

導讀

柳宗元的山水遊記，文筆清新秀美，富有詩情畫意。〈鈷姆潭西小丘記〉是《永州八記》的第三篇，鈷鉧的意思是熨斗，因潭形似熨斗，所以名為鈷鉧潭。作者把一個普通的小丘，描繪得異常生動。特別是丘上的石頭，一半在土中，一半露出地面奮力掙扎，想要脫困的模樣，好像有一股旺盛的生命力，不為環境所限制。那些無知的奇石，一經作者這樣的勾畫，每顆都活生活現。

本文第一段敘述小丘的位置和形式，景物描寫著重小丘特色。第二段敘述購買小丘整理的情形與玩賞期間所獲得的樂趣。第三段以小丘的不幸比喻自己的處境，以抒發有志難伸、抱才不用的感慨，最後「所以賀茲丘之遭也」一方面精神得到安慰，同時也曲折地表現了他對醜惡現實的抗議。

當你的心中總長滿了雜草或布滿灰塵時，是否也像小丘一樣，需要慧眼識英雄的人協助清理。當作者買下它，懷著喜悅的心情整理它，還原了它的美貌，使佳木、美竹、奇石重新被看見，而讓小丘恢復生命力。他對小丘因為重新被發現表示欣慰，並恭賀小丘的遭遇，寓意了他隱藏於內心被放逐的千般滋味。

你雖有領導才能，卻因為功課表現不佳，總不被發現，而有志難伸。除非你下定決心，專注在學習上，每天按時完成功課，相信你的努力總有一天會開花結果的。

閱讀思考站

1. 請找出本文第一段中，作者運用譬喻及擬人的句子。
2. 作者爲什麼會對一堆頑石花費如此多的心思，請說說它的主要寓意是什麼？
3. 請說說看作者爲什麼在文章結尾賀小丘幸得知己呢？
4. 當你心中因爲功課壓力、師長指責、人際不佳而心煩時，請說出讓你心情變好的三種方式。

語文加分區

1. 請說出小丘和山的不同？
2. 猜一猜

「我的身高雖比高山矮，
但卻比平原高，
我有高山的起伏，
卻不像平原那樣平坦。」

答案：小丘。

3. 加一加

土＋丘＝（　　）

丘＋山＝（　　）

虫＋丘＝（　　）

丘＋（　　）＝邱

人心嚮往的樂土境界

桃花源記

陶淵明

晉太原中，武陵人，捕魚爲業，緣溪行，忘路之遠近。忽逢桃花林，夾岸數百步，中無雜樹，芳草鮮美，落英繽紛；漁人甚異之。復前行，欲窮其林。林盡水源，便得一山。山有小口，彷彿若有光，便捨船，從口入。

初極狹，纔通人；復行數十步，豁然開朗。土地平曠，屋舍儼然。有良田、美池、桑、竹之屬，阡陌交通①，雞犬相聞。其中往來種作，男女衣著，悉如外人；黃髮垂髫②，並怡然自樂。見漁人，乃大驚，問所

①阡陌交通：阡陌，田間小道縱橫交錯。

②黃髮垂髫：黃髮，指老人。髫，指小兒垂髮。垂髫，指兒童。

從來；具答之。便要還家，設酒、殺雞、作食。村中聞有此人，咸來問訊。自云：「先世避秦時亂，率妻子邑人來此絕境，不復出焉；遂與外人間隔。」問今是何世？乃不知有漢，無論魏、晉！此人一一爲具言所聞，皆歎惋。餘人各復延至其家，皆出酒食。停數日，辭去。此中人語云：「不足爲外人道也。」

既出，得其船，便扶向路，處處誌之。及郡下，詣太守③，說如此。太守即遣人隨其往，尋向所誌，遂迷，不復得路。南陽劉子驥，高尚士也，聞之，欣然規往④，未果，尋病終。後遂無問津者。

---

③詣太守：晉見武陵郡太守。詣，往候、晉見之意。

④規往：計畫前往。

譯文

晉朝太元年間，武陵郡有一個以捕魚爲業的人。他撐著漁船，沿著一條溪流走，不知道走了多遠，忽然見到一片桃花林，夾著兩岸延伸了幾百步，其中沒有一棵別的樹，地上青草鮮嫩肥美，樹上桃花紛紛落下，漁夫覺得很驚奇。再往前走，想看看桃花林的盡頭有什麼景象。走到桃林的盡處，正是溪水的源頭，而且在這裡發現了一座山。山有小洞，好像有亮光射出來，漁夫便把船停在岸邊，從洞口走進去。

洞口非常狹窄，只能通過一個人；再往前走了幾十步，才開闊明朗起來。看見土地平整空曠，房屋很整齊。有肥沃的田地、美麗的池塘、桑樹和竹子這一類的東西。田間小道東西交錯，聽得見雞鳴狗叫的聲音。在這裡來往耕作的男女，衣著服飾和外面的人一樣。老人和小孩非常快活，而且能自得其樂。他們看到漁夫，很驚訝，詢問漁夫從哪裡來，漁夫詳細地告訴了他。他們邀約漁夫回家，擺酒殺雞款待他。村中的人聽說來了這麼一個人，都趕來打聽消息。他們自己說，他們的祖先爲了逃避秦時的戰亂，率領妻子兒子和同鄉的人來到這與外界隔絕的地方，從此不再出去，因此和外界沒有往來。他們問漁夫：「當今是什麼朝代？」竟連漢朝都不知道，更不要說魏、晉了。漁夫一一告訴他們，他們都表示驚歎惋惜。其餘的村民分別請漁夫到家中去作客，用酒菜熱情招待。過了幾天，漁夫告辭回家。村裡的人對他說：「您在這兒所見所聞，不值得告訴外面的人。」

出來之後，找到他來時的船。沿著先前的路回去，並到處記下了記號。到了武陵郡下，漁夫拜見太守，陳述了自己的見聞。太守就派人跟他再一起去，尋找原先做的記號，誰知卻迷了路，再也找不到那條路了。南陽人劉子驥，是個品行高尚的隱士，聽到這件事，很高興地計畫尋找桃花源，但沒有找到，不久就病死了。以後再也沒有人去尋訪桃花源。

作者介紹

陶潛字淵明，自號五柳先生，生於東晉、劉宋之間，親眼目睹時代的巨變、社會的污濁，個性與當時朝廷不合，不爲五斗米折腰，而歸隱山林；中年以後更從事耕種自給自足。他的詩文表現個性上的自然質樸，唐宋以後被譽稱爲「田園詩人」。這是陶淵明晚年的作品，當時他五十七歲，大約在宋永初二年辛酉（西元四二一年）。文中描繪了詩人的理想國度，住在其中的人自給自足，與世隔絕，沒有君主統治，也沒有專制壓迫，是一個人人工作、人人平等的社會。這不僅反映了當時人民的希望，也從這種理想生活的描寫中，看出作者對於當時現實政治的否定態度。

導讀

當你無法改變外在環境時，你會怎麼辦呢？你可以讓自己運用想像的空間，創造出你心中的理想王國來，這篇〈桃花源記〉所描寫世外桃源的生活環境是大家所渴望的，透過陶淵明對世俗生活的無奈體驗，轉而由內心衍生出無爲的心境，可幫助我們從現實生活中，學習接納自己、克服遭遇的挫折與困境。

這是一篇寫「記」的文體，以寓言文體的寫作方式，運用對偶、頂眞、借代、鑲嵌、轉化的修辭技巧呈現文筆之美。故事曲折有趣，有豐富的想像和大膽的虛構，從漁夫駕船划進桃樹林中開始，決定棄船進入洞口探險，發現別有洞天，肥沃的田地、雞叫狗吠的農村生活，輪流熱情款待他的老人、小孩、婦女，這些人每天過著愉快的生活，而且彼此噓寒問暖，更關心這個陌生的漁夫。

忙碌緊張的生活步調令你厭倦嗎？住在層層的高樓大廈，是否也阻隔了鄰里間的關懷呢？當你願意從所住的社區開始，主動和鄰居打招呼、關心別人，便能創造出理想的桃花源，因爲人與人之間的眞誠相待，過著簡單、樸實、自在、和睦、與世無爭的生活，是忙碌的我們所嚮往的。

閱讀思考站

1. 說說看桃花源中的生活情景和現在你所處的環境有什麼不同？可能是什麼因素造成的？
2. 住在桃花源中的人，爲什麼要請捕魚人出去不能告訴別人？
3. 想像一下你是個探險家，畫下桃花源中的景象。
4. 你覺得作者陶淵明寫此文章的目的是什麼？

語文加分區

1. 不足爲外人道也：有時候我們所處的環境不被了解，或家庭遭遇不幸，可能是父母離異或家中慘遭變故，你覺得說了無法改變現狀，或別人無法和你感同身受時，你便可輕描淡寫的說此句話喔！
2. 「問今是何世？乃不知有漢，無論魏、晉」這是以問答的技巧，點出文中的核心價值。一個人如果能在忙碌的日子，完全忘卻外在的環境，是件多逍遙幸福的事。這和朱自清在〈不知道〉這篇文章中，談到人總很難面對「不知道」的局面，而擔心自己出糗，適當的允許自己「不知道」，不也是一種幸福嗎？若我們能享受「山中無曆日，寒盡不知年」（唐太上瘾者的〈答人〉）的境界，忘記年歲的流逝，忘記各項檢測的壓力，便可不斷在生活中創造自己內在的桃花源。

你希望像泰山一樣生活在山中嗎？

登泰山記

姚鼐

泰山①之陽，汶水西流；其陰，濟水東流。陽谷皆入汶，陰谷皆入濟。當其南北分者，古長城也。最高日觀峰，在長城南十五里。

余以乾隆三十九年十二月，自京師乘風雪，曆齊河、長清，穿泰山西北谷，越長城之限，至於泰安②。是月丁未，與知府朱孝純子潁由南麓登。四十五里，道皆砌石爲磴③，其級七千有餘。泰山正南面有三谷。中谷繞泰安城下，酈道元所謂環水也。余始循以入，道少半，越中嶺，復循西谷，遂至其巔。古時登山，循東谷

①泰山：即五嶽之首的東嶽，古稱岱山，又名岱宗，春秋時改名泰山，在山東泰安縣城北。

②自京師乘風雪，曆齊河、長清，穿泰山西北谷，越長城之限，至於泰安：「乘、曆、穿、越、至」五個動詞，把從京師去泰安的路程交代得清清楚楚，並能讓人悟出作者當時冒風雪、過縣城、穿山越嶺的艱辛。

③砌石爲磴：砌，用泥灰粘合堆疊甎石。磴，山岩上的石級，如磴道。

入，道有天門。東谷者，古謂之天門溪水，餘所不至也。今所經中嶺及山巔崖限當道者，世皆謂之天門雲。道中迷霧冰滑，磴幾不可登。及既上，蒼山負雪，明燭天南。望晚日照城郭，汶水徂徠如畫，而半山居霧若帶然。

戊申晦，五鼓，與子潁坐日觀亭，待日出。大風揚積雪擊面。亭東自足下皆雲漫。稍見雲中白若樗蒲數十立者，山也。極天，雲一線異色，須臾成五采；日上，正赤如丹，下有紅光動搖承之。或曰，此東海也。回視日觀以西峰，或得日，或否，絳皜④駁色，而皆若僂⑤。

---

④絳皜：絳，紅色。皜，潔白光明的樣子。

⑤此段以七句話描寫山頂的景色：1.「與子穎坐日觀亭，待日出」；2.「大風揚積雪擊面」；3.「亭東自足下皆雲漫」；4.「稍見雲中白若樗蒲數十立者，山也」；5.「極天，雲一線異色，須與成五采」；6.「日上，正赤如丹，下有紅光動搖承之」；7.「回視日觀以西峰或得日、或否，絳皓駁色，而皆若僂」。如寫山頂的風，作者不用烘托或渲染的方法，只用「大風揚積雪擊面」七個字，不但寫出了「風揚積雪」的視覺，而且寫出了「擊面」的觸覺。「揚」、「擊」二字把風力描繪得十分突

亭西有岱祠，又有碧霞元君祠。皇帝行宮在碧霞元君祠東。是日，觀道中石刻，自唐顯慶以來，其遠古刻盡漫失。僻不當道者，皆不及往。

山多石，少土。石蒼黑色，多平方，少圓。少雜樹，多松，生石罅⑥，皆平頂。冰雪，無瀑水。無鳥獸音跡。至日觀數裡內無樹，而雪與人膝齊。桐城姚鼐記。

——選自《四部叢刊》本《惜抱軒文集》

出。日觀亭以東，「自足下皆雲漫」，「漫」寫雲霧之大。雲中山「白若樗蒲」，抓住了形狀的特點。

⑥罅：東西的裂縫。

譯文

這是姚鼐在乾隆三十九年登上泰山的經過，文中記述了泰山的地理形勢，他經過中谷、西谷、東谷，親臨酈道元所記的環水之地，登上蓋滿了雪的山上，眺望山下城郭。作者從地理環境著筆，山南有汶水西流，山北濟水東去，名山傍水，分外壯觀。作者巧妙的利用山谷介紹，而引出齊國修築的古長城，從古長城又引出「最高日觀峰」的所在位置，為下文描寫登山所見，做好了必要的準備。作者胸有成竹，把山、水和長城置於廣闊的天地之中。他從大處著眼，寫自己由京師至泰安的沿途經歷，交代了事情的來龍去脈。

他出發當天，「乘風雪」，氣候十分惡劣，作者埋下一條貫穿全文的伏線，以為描寫登山的艱難、遊覽的豪興而創造出有利條件。接著他記敘丁未（二十八日）那天，由南面山腳處登山，發現那山竟高達四十五里，石階也有七千餘級，用數字更顯示峰巒的險峻。作者選擇的路線是循中谷入，「道少半，越中嶺，複循西谷，遂至其巔」。看似輕描淡寫，但讀至下文，「所經中嶺及山顛崖限當道」，「道中迷霧冰滑，磴幾不可登」，有看似容易卻很艱辛的感覺。登上山巔，廣闊的視野中，山、水、城郭盡收眼底，座座青峰身披皚皚白雪，照亮南天，由上往下看泰安城，汶水和徂徠山，沐浴在夕照中；環繞山間的雲霧，就像輕柔的腰帶。作者用落日、青山、流水、白雪、城郭、組成了一幅波瀾壯闊的夕陽圖。

文章第三段以觀日為描寫中心，寫出了正赤如丹、紅光動搖的東海奇景。作者於二十八日傍晚登上山頂，隔天除夕（當年十二月小）五更時分，與子穎到日觀峰的日觀亭，等待日出。他以濃筆潑墨，分三個步驟描述：一是日未出，大風揚積雪。二是日將出，先「雲一線異色」，再「須臾成五采」。三是日已出，「正赤如丹」。日出之景，變幻莫測，他卻能正面描摹旭日東昇時燦爛的光彩和跳躍的歡態，而且還把長天、雲彩、大海作為背景，有力地烘托出日出的壯觀。寥寥數語，氣勢磅礡的日出就宛然在目。山頂的建築，山道中的石刻，詳略有序，這都與登山活動的物件出現次序和個人的感受度息息相關。

最後總結泰山冬景的特點：石峰峻峭，青松蒼勁，冰雪覆蓋，衆鳥飛絕。用精煉的語言把遊覽所見歸納為「三多、三少、三無」，並以照應冰雪作為結句，令人回味無窮。

作者介紹

姚鼐（西元一七三一～一八一五年），字姬傳，清安徽省桐城縣人，世稱惜抱先生，享年八十五歲。乾隆皇帝編修《四庫全書》，他被薦為纂修官。姚鼐以文章著稱，清通自然，簡潔明快，但也有人認為他流於拘謹，缺少風采。早年曾向劉大櫆學習古文，繼方苞、劉大櫆等桐城同鄉前輩之後，從事古文寫作。他壯年以後，在各大書院講學四十餘年，滿門桃李，較著名的有梅曾亮、管同、方東樹、姚瑩、劉開等。他的古文理論影響很大，桐城派於是形成，一直延續至新文學興起才衰微止息。

「桐城派」是清一代最大的古文流派，也可說是歷代古文流派中最大者，參與的作家非常多，傳播的地域最廣，綿延的時間也最長，這是中國文學史上少見的。

導讀

你是否到過陽明山呢？在晨曦中爬山和在滿天星斗的夜空中從山上觀賞台北夜景，又是另一番景象。而如果你有機會走一趟陽金公路，更可感受到時而在霧中，時而陽光乍現，時而細雨濛濛，變化多端的山路，或許正如作者以如詩如畫的筆法，描寫這篇冬日登泰山的遊記。

這是以記敘爲主，描寫泰山雪後初晴的景觀，他把重點放在登山路徑和山頂景物上的描述。本文寫得最出色最有氣象的，是日觀峰觀日出一段。作者以大手筆卻又極精確細緻地寫出，站在泰山頂上所看到的日出前後廣闊景象和細微變化，文字簡煉生動，堪稱妙筆。

這篇遊記將義理、考證、文章結合得較爲完美，對泰山地理形勢、登山路徑，都有實據，寫遊記兼以考證，而考證又爲避繁瑣，文辭優雅，表現了作者的功力。記述條理明晰，景物描寫不刻意誇飾，但色彩鮮明、生動，使景物的神態特徵栩栩如生，富於生氣和情趣。

閱讀思考站

1.〈登泰山記〉在寫景方面有哪些特點？

2.作者在第二段中乘風雪登泰山，主要要告訴你什麼？

3.作者在登泰山的最後一段描述了哪三多？哪三少？和哪三無？

4. 請你寫一篇爬山的經驗，先描述山的地理位置，再介紹登山時沿途的景象。

語文加分區

1. 文字加一加，再造個詞

山＋山＝（出）。【出門　】

山＋風＝（　）。【　】

山＋獄＝（　）。【　】

山＋領＝（　）。【　】

山＋魏＝（　）。【　】

2. 認識「缶」部首的字

「缶」＋（　）＝罅

「缶」＋工＝（　）

「缶」＋（　）＝磬

「缶」＋（　）＝缺

「缶」＋（　）＝罐

眾人皆醉我獨醒

醉翁亭記

歐陽修

環滁皆山也。其西南諸峰，林壑①尤美。望之蔚然②而深秀者，瑯琊③也。山行六七里，漸聞水聲潺潺；而瀉出於兩峰之間者，釀泉④也。峰回路轉，有亭翼然臨於泉上者，醉翁亭也。作亭者誰？山之僧智僊也。名之者誰？太守自謂也。太守與客來飲於此，飲少輒醉，而年又最高，故自號曰醉翁也。醉翁之意不在酒，在乎山水之間也。山水之樂，得之心而寓之酒也。

若夫日出而林霏⑤開，雲歸而巖穴暝，晦明變化者，山間之朝暮也。野芳發而幽香，佳木秀而繁陰，

①林壑：森林山谷。

②蔚然：草木茂盛的樣子。

③瑯琊：山名，在滁縣西南。

④釀泉：一作讓泉，山泉名。因水淸可以釀酒得名。

⑤林霏：指林中之霧氣。

風霜高潔，水落而石出者，山間之四時也。朝而往，暮而歸，四時之景不同，而樂亦無窮也。

至於負者歌於塗，行者休於樹，前者呼，後者應，傴僂提攜⑥，往來而不絕者，滁人遊也。臨谿而漁，谿深而魚肥；釀泉爲酒，泉香而酒洌；山肴野蔌⑦，雜然而前陳者，太守宴也。宴酣之樂，非絲非竹，射者中，弈者勝，觥籌交錯⑧，起坐而諠譁者，衆賓懽也。蒼顏白髮，頹然乎其間者，太守醉也。

已而夕陽在山，人影散亂，太守歸而賓客從也。樹林陰翳⑨，鳴聲上下，遊人去而禽鳥樂也。然而禽鳥知山林之樂，而不知人之樂；人知從太守遊而樂，而不知

---

⑥傴僂提攜：傴僂，背彎曲，指老者。提攜，牽引以行，指幼童。

⑦山肴野蔌：肴，煮熟的魚肉等食物。蔌，菜蔬。謂山間之佳餚美食。

⑧觥籌交錯：觥，酒器。籌，籌碼，指行酒令時計算勝負之具。交錯，往來雜亂之意。

⑨陰翳：昏暗不明。

太守之樂其樂也。醉能同其樂，醒能述以文者，太守也。太守謂誰？廬陵⑩歐陽修也。

⑩廬陵：舊縣名，現在的江西省吉安縣，為歐陽修的故鄉。

◎大意：

（第一段）從「還滁皆山也」至「得之心而寓之酒也」記敘醉翁亭的所在。

（第二段）從「若夫日出而林霏開」至「而樂亦無窮也」抒寫醉翁亭早晚及四季的變化之美。

（第三段）從「至於負者歌於塗」至「太守醉也」記敘滁人遊、太守宴，官民同樂的情景。

（第四段）從「已而夕陽在山」至「廬陵歐陽修也」記敘太守醉能同樂，醒能述文，人跟著太守玩樂，卻不知道太守如何為自己的快樂而快樂。

作者介紹

歐陽修（西元一〇〇七～一〇七二年），字永叔，是我國北宋時著名的散文家和詩人。他的散文創作特點有三：一、文體多樣，議論、敘事和抒情兼備；二、採取「古文」與駢文講究排偶對句，融成新的風格；三、富於變化，並具有和諧的韻律感。歐陽修的政論散文，如〈與高司諫書〉、〈五代史伶官傳序〉不僅富於現實意義，而且語言婉轉流暢，是「古文」中的名篇。最能體現他散文成就的是記事兼抒情的作品。本文是這類散文，無論狀物寫景，或敘事懷人，都細膩動人。他最著名的〈醉翁亭記〉，描寫滁州山間四時的景色和早晚的變化以及人們遊玩山間的情景，層次分明、語言流暢，抒發了解脫束縛後，怡然自得又悵惘若失的情懷。本文連同他的〈鳴蟬賦〉、〈秋聲賦〉一樣，都保持了駢文注重聲律辭采的特點，散文句法的加入，文章具有節奏感又變化具協調性。

導讀

你最期待和同學去畢業旅行，其實去哪裡不是那麼重要，重要的是一群好朋友呼朋引伴樂在其中。歐陽修的〈醉翁亭記〉是散文，但借用詩的表達形式，全文共二十四句，其中只有三句是問句，句中有二十五個「而」字，句尾共用了二十一個「也」，讀來很有韻律感，鏗鏘有力，讓人印象深刻。本文共有四個描繪的特色：一、「山水相映之美」，山與泉相依，泉與亭相襯，一幅畫中山水亭台的美景。二、「朝暮變化之美」，作者以色調表現出早晨寧靜清新之氣息，傍晚是昏暗、薄暮之氣。三、「四季變化之美」，野芳淒淒、幽香撲鼻是春光；佳木挺拔、枝繁茂密是夏景；風聲蕭瑟、霜重鋪路是秋色；水瘦石枯、草木凋零是冬景。四、「動態對比之美」，靜態的瑯琊山、潺潺流水動態的釀泉；樹木之靜對比出百鳥啁啾，景物與人之間、人物與人物之間的動態對比，生趣盎然。

本文首段寫醉翁亭的位置，從「環滁皆山」，寫出群山環抱的地勢，再由西南諸峰而瑯琊山、釀泉，再由亭而醉翁。雖是山水的描述，但作者以手中的一根金線，主觀感受的醉中之「樂」，使全文在起承轉合中，藉由感受和體驗環環相扣。從對山水的獲得之樂，到遊人不絕路途的人情之樂，釀泉爲酒的宴酣之樂，鳴聲婉轉顯示的禽鳥之樂，整體的描述，仍是要突顯太守自我陶醉的遊而樂。

「記」是古文中一種以記敘爲主，兼及描寫，文末發表議論或抒情的文體。多用來描寫作者的旅行見聞。它的取材範圍極廣，可以描繪名山大川的秀麗瑰奇，可以記錄風土人情的特殊性，可以反映一人一家的日常生活面貌，也可以記下一國的重大事件。

閱讀思考站

1. 班上有人丟了東西，老師說非查個「水落石出」不可，請你找找看這句成語在本文中的哪裡呢？

2. 報紙談到某企業家邀請各名模吃飯，「醉翁之意不在酒」是指什麼呢？

3. 本文中作者以「樂」字貫穿全文，他分別說了哪些有趣的事？

4. 作者的觀察力很敏銳，請從第二段中找出作者描述四季景物的句子。

5. 本文借用詩的語言表達形式，結構中有不少對句，請在第二段找出單句成對的對句，第三段找出雙句成對的對句。

語文加分區

1. 醉翁之意不在酒：這陣子經濟不景氣，很多人都失業在家，借酒澆愁。此時「酒入愁腸愁更愁」，有人視酒如命，有人視酒如禍害。明朝顧炎武〈日知錄－酒禁〉中就指出「水為地險，酒為人險」，就像河水本無害，但一到颱風天河水氾濫便成災；酒本無害，但若無節制且酒後駕車，便是害人害己。歐陽修為自己取名為「醉翁」，在亭上與友人遊賞山水，沉醉於美景之中，其實醉翁之意不在酒也。

2.大家來玩接龍遊戲。

水落石出—【　　】—【　　】—【　　】

山林之樂—【　　】—【　　】—【　　】

臨谿而漁—【　　】—【　　】—【　　】

逢回路轉—【　　】—【　　】—【　　】

蒼顏白髮—【　　】—【　　】—【　　】

墨池記

曾鞏

臨川①之城東，有地隱然而高，以臨於溪，曰新城。新城之上，有池窪然而方以長，曰王羲之②之墨池者，荀伯子臨川記云也。羲之嘗慕張芝③臨池學書，池水盡黑，此爲其故迹④，豈信然邪⑤？

方羲之之不可強以仕⑥，而嘗極東方⑦，出滄海，以娛其意於山水之間，豈其徜徉肆恣，而又嘗自休於此耶？羲之之書，晚乃善⑧；則其所能，蓋亦以精力自致者，非天成也。然後世未有能及者，豈其學不如彼耶？則學固豈可以少哉！況欲深造道德者耶！

①今中國大陸江西省臨川縣。
②王羲之，字逸少，東晉人，世稱王右軍。作品有蘭亭集序，爲有名的書法家。
③張芝，字伯英，後漢酒泉人。擅長草書，世稱草聖。
④迹：表示留下的痕跡。
⑤信：相信，就是眞的的意思。然、邪：均是語尾助詞，表示語氣。豈信然邪：這難道就是眞的嗎？
⑥強：強迫。仕：做官。強以仕：強迫去做官。
⑦極：極限。極東方：到所知的最東方。
⑧善：好，優秀，完善。

墨池之上，今爲州學舍。教授王君盛恐其不彰也，書晉王右軍墨池之六字於楹⑨間以揭之。又告於鞏曰：

「願有記！」

推王君之心，豈愛人之善，雖一能不以廢，而因以及乎其耶？其亦欲推其事，以勉其學者耶？夫人之有一能，而使後人尚之如此，況仁人莊士之遺風餘思，被於來世者何如哉！

慶曆八年⑩九月十二日，曾鞏記

⑨楹：門上的橫樑。
⑩西元一〇四八年。

譯文

臨川城的東邊，有一塊靠著溪的高地，叫做新城。新城上有一個長方形的池子，荀伯子寫的〈臨川記〉中說這是王羲之練習寫毛筆的池子。傳說王羲之曾經仰慕書法家張芝，他練習書法，練到一個池水都變黑色，於是王羲之也這樣練習，而這個池子就是他練習書法的地方，這是眞的嗎？

當王羲之不想被強迫去做官時，就去遊歷天下，曾經到中國的最東方，坐船出滄海，在衆島之間遊玩，像王羲之這樣喜歡遊山玩水的人，難道會留在一個不是自己故鄉的地方這麼久嗎？而且，王羲之的書法到老年時才達到完美境界，這是因爲他不斷的努力練習與才能，並不是天生如此。後世的人比不上他，豈不是因爲努力不及的關係嗎？那麼努力學習就一定不能夠少。更何況要鍛鍊自己的品行時，就要更加努力。

墨池附近，現在要建州學校，校長王先生怕名聲不夠響亮，特別將「晉王右軍墨池」寫在門上面的橫樑上，又請我曾鞏幫忙寫一篇文章來宣傳。

我推測王先生這樣做的心意，難道只是愛王羲之的書法嗎？書法只是一項才能，但是卻被這樣的重視，難道是想要藉著王羲之練書法的努力過程，來勉勵來讀書的學生嗎？像王羲之這樣有一項才能，就被後世的人推崇學習，況且其他更有才能的人，對後世的我們影響是不是更大呢！

☺作者介紹

曾鞏（西元一〇一九～一〇八八年）字子固，建昌南豐（今江西南豐）人，北宋眞宗天禧三年生於官宦之家。嘉祐進士，官至中書舍人，宋神宗多次與他討論國家大計，特別讚揚他提出的「節用理財之要」的方略。元豐六年四月丙辰日，曾鞏六十五歲去世於江陵府，次年葬於南豐源頭崇覺寺右。南宋理宗時，追謚文定，故後來又以文定公稱之。世稱南豐先生。唐代八大家之一。著有《元豐類稿》、《續元豐類稿》、《外集》、《隆平集》、《雜職》、《宋朝政要策》、《衛道錄》、《大學稽中傳》、《禮經類編》、《詩經教考》、《範數觀通》、《洪範皇極注》、《邊情十五義》。曾鞏一生主要成就在於散文創作。他的風格平易近人、簡單樸素，卻富含道理，論事說理，十分透澈精闢。另一個重要成就就是整理古籍，編寫校訂史書。他同時還是一個藏書家，珍藏書籍二萬餘卷，光是收集古今篆刻《金石錄》就達五百卷。對清代桐城派古文家的影響很大。

導讀

〈墨池記〉，這篇文章的名字聽起來就是一個池子裡有很多墨水的感覺，但是，若是只有這樣的話，實在沒有辦法寫出一篇好文章，因爲材料實在太少了。可是，曾鞏卻以這樣的寫作材料完成了一篇文章，他到底是怎樣完成的呢？

在第一段中，曾鞏先交代了墨池的地點——臨川城東邊有一條溪，溪的右側有一塊高地，高地上的地名叫做新城，新城上有一個池子，是長方形的，傳說是王羲之練書法時洗毛筆的地方。一般人寫到這邊就結束了，但是，曾鞏卻以懷疑這個池子是否眞的是王羲之洗毛筆的地方，爲下一段提出了疑問。所以，在第二段中，曾鞏就針對這一個疑問，提出他自己的看法。第三段則是補充說明爲什麼會寫這一篇文章的理由，是因爲當地的一位官員（姓王）在墨池旁邊蓋了學校，還特別強調這是蓋在「王羲之洗毛筆池子」旁邊的學校，希望曾鞏能夠幫他寫一篇文章來做廣告。第四段則是曾鞏寫出他對王先生這種廣告手法的看法。整篇文章後來以日期與簽名做結束。

但是，曾鞏這篇文章中，寫墨池的文字並不多，寫得更多的是他對這件事（打廣告）的看法，小朋友下次若是碰到不容易發揮的作文題材時，也可以借用曾鞏的方法來試試看唷！

閱讀思考站

1. 你覺得爲什麼王先生要利用「王羲之的墨池」來爲州學校打廣告？
2. 你覺得爲什麼王先生要拜託曾鞏寫這篇文章？
3. 你看完這篇文章後，覺得曾鞏眞正想要說的是什麼？
4. 請問看完這篇文章後，你是否同意曾鞏的意見？爲什麼？

語文加分區

「池水盡黑」的由來

張芝（？～西元一九二年），字伯英，號有道，東漢敦煌酒泉（今屬甘肅省）人。他是一位在書學上具有高深造詣和傑出貢獻的名書家；同時也以品德高尚、爲人正直而知名當世。張芝從小就喜歡讀書，勤學書法，東漢政府曾多次徵召他做官，他都沒有去。

張芝練字不管時間、地點和工具。他有時拿著抹布蘸水在石頭上寫，有時拿著筷子在桌上劃，甚至家裡準備縫製衣服的布帛，也被他先用染料書寫後再重新染色才使用。雖然他對練字的時間、地點和工具並不講究，但是他對書寫的姿勢卻十分要求，常常是對著一面銅鏡練字，這樣自己的正面和反面都能通過鏡面上反射看得一清二楚。

爲了方便練字，張芝還在自己的家門前挖了一個方圓數丈的洗硯池。一天的練字功課做完了，他就到池塘邊將硯台和毛筆上的墨洗滌乾淨，以延長它們的使用壽命。他洗呀，洗呀，日子一久，整個池塘裡的清水也被染黑了。後來，人們把練字稱做「臨池」，就是從張芝的這個練字故事中演變而來的。

張芝擅長隸、行、草和飛白書，學崔瑗（字于玉）和杜操（字伯度）之法，晚年改變習慣，省改章草的點畫波磔、字字區分，創造出氣脈通暢、隔行不斷的「一筆書」，就是「今草」。被三國韋誕稱之爲「草聖」。東晉王羲之對漢魏書碟，首推鍾（繇）、張（芝）兩家，認爲其餘不足觀；而王氏父子（羲之和獻之）的草書，亦頗受其影響。張芝的弟弟張胡，字文舒，書法名氣僅次於兄，有「亞聖」之稱。

傷仲永

王安石

金谿①民方仲永，世隸耕②。仲永生五年，未嘗識書具③，忽啼④求之。父異⑤焉⑥，借旁近與之，即書詩四句，並自爲其名。其詩以養父母，收族爲意，傳一鄉秀才觀之。自是指物作詩立就，其文理皆有可觀者。邑人奇之，稍稍賓客其父，或以錢幣丏之。父利其然也，日扳仲永環謁於邑人，不使學。

余聞之也久，明道⑦中，從先人還家⑧，於舅家見之，十二三矣。令作詩，不能稱⑨前時之聞。又七年，還自揚州，復到舅家問焉。曰：「泯然⑩衆人矣。」

---

①今中國大陸江西縣名。
②世隸耕：從祖先開始就是耕田的農夫。
③書具：筆墨紙硯之類，也就是文具。
④啼：哭鬧要求。
⑤異：奇異，奇怪。
⑥焉：語尾助詞。
⑦明道：宋仁宗年號。
⑧從先人還家：送亡父回家埋葬。
⑨稱：及，比得上。
⑩泯然：抹滅，消失。

王子曰：「仲永之通悟，受之天也。其受之天也，賢於材人遠矣。卒之爲眾人，則其受於人者不至也。彼其受之天也，如此其賢也，不受之人，且爲眾人，今夫不受之天，固眾人，又不受之人，得爲眾人而已耶？」

譯文

在金谿有一個人叫做方仲永，家裡世世代代都是種田的。仲永五歲的時候，連文具都沒看過，也沒讀過書、上過學，有一天卻突然吵著要文具。他爸爸覺得很奇怪，於是就到附近鄰居家借來給他，仲永一拿到，就立刻寫下四句詩，並且自己定好題目。這首詩以奉養父母、光大家族爲內容，父親將這首詩拿給鄉裡的秀才看，秀才稱讚他寫得很好。之後指一個物品，仲永就能夠立刻寫詩，並且寫得很好。同鄉的人覺得很奇異，就稍微對他的父親有禮貌些，或是送他錢財來求詩。他的父親覺得這樣很好賺，就每天都帶著仲永出去賺錢，不讓他上學。

我聽到這件事已經很久了。我送去世的父親回鄉安葬時，到舅舅家看到方仲永，已經十二、三歲了，請他立刻寫一首詩，已經不像之前寫得那麼好。經過七年後，我從揚州回來，又到舅舅家詢問方仲永的情形，舅舅說他現在變得和一般人一樣了。

王安石說：「仲永的天資很高，高過一般人很多，但是最後程度卻和一般人一樣，那就是因爲沒有經過教育了。像他這樣的天才，和一般人做比較，差別就在教育而已。若是沒有天才的一般人，又不經過教育，那麼他的才能會不會比一般人更差呢？」

作者介紹

王安石（西元一〇二一～一〇八六年）字介甫，號半山，臨川（今江西臨川）人，是卓越的大政治家。神宗時，當參知政事的官，隔年升任同中書門下平章（宰相）。頒行新法進行改革共七年，頗有成績。後施政遇到困難，於熙寧九年辭官，在江寧終老。封荆國公，卒謚文，著有《臨川集》。他是唐宋八大家之一。散文以政論文爲多，大多針對時弊，深刻分析，主張明確，說服力極強。如〈上仁宗皇帝書〉、〈答司馬諫議書〉、〈讀孟嘗君傳〉等，表現他對國家、人民的關心。山水記如〈遊褒禪山記〉，是遊記形式的說理文，顯示了學習上的剛毅堅忍的精神。〈石門亭記〉表示了隨處關心人民疾苦的政治態度。他的散文一般立意超卓，概括力和邏輯性較強，語言簡練樸素。

導讀

小朋友，你有沒有過這樣的經驗，或是看過這樣的事情？

有一個小朋友，年紀很小，可是看到車子卻可以直接說出車子的廠牌；另一個小朋友，不到二歲，但是卻會背九九乘法表；另外一個小朋友，三歲背完《論語》。這些小朋友會的東西只有這一項，但卻因爲這樣就上電視、拍廣告，出現在大家眼前。做父母的很高興在鏡頭前炫耀自己家的小孩是多麼聰明，方仲永的爸爸也是這樣。再加上每次去都有大魚大肉可吃，有美酒可喝，一個普通的農夫，平時哪有這些東西可吃，就連過年時也比不上；另外，還有人送他錢，這樣的生活，比起在田裡拚命做、可能還吃不飽的日子好得太多了。所以，當然就會更勤快的帶兒子四處現寶。

但是，這樣對方仲永來說眞的好嗎？

在學校，有些同學很會讀書，有些同學很會畫圖，有些同學體育很強，比不上他們的人總是說：「那是因爲他們有天份，我沒有呀！」事情眞的是這樣嗎？難道這些同學小時候就像上面所說的一樣是神童嗎？

閱讀思考站

1. 你在看完這篇文章後，你覺得方仲永的父親每天帶他出去炫耀這件事好不好？請說出你的理由。
2. 若你是方仲永，你的父親這樣做，你心理會有什麼感覺？
3. 你覺得爲什麼方仲永小時候是神童，長大反而變笨了？
4. 請問你覺得王安石看到他的親戚方仲永的遭遇，有什麼心得？你是否贊成他的意見？或是有另外的想法？
5. 請問你看完這篇文章後，你覺得這篇文章眞正要描寫的主題是什麼？

語文加分區

1. 目不識丁、大字不識

　丁、大，是最簡單的字，也是古代學校教生字時最早教學的一群字。若是連這兩個字都不認識，代表他根本沒有上過學，根本不識字。

2. 小時了了，大未必佳

　小的時候表現得非常好，但是長大了表現卻沒有像小時候這麼好。

3.小時了了

東漢末年，北海地方出了一個很博學的人，名叫孔融，字文舉，是孔子的二十世孫。他從小就很聰明，尤其是很會說話和寫文章，年紀很小，已很出名。他十歲時，跟父親到洛陽辦事。當時在洛陽的河南太守，是有名的李元禮，由於他的名氣很大，因此在太守府中往來的人，除了他的親戚，其餘都是當時有才能或有名的人。如果不是名人去訪，守門的人照例是不通報的。

年僅十歲的孔融，卻大膽地去訪問這位太守。他到府門前，對守門人說：「我是李太守的親戚，給我通報一下。」

守門人通報後，李太守接見了他。李元禮問他說：「請問你和我有什麼親戚關係呢？」孔融回答說：「從前我的祖先仲尼（就是孔子）和你家的祖先伯陽（指老子，老子姓李名耳，字伯陽）有師資之尊（孔子曾向老子請教過關於禮節的問題），因此，我和你也是世交呀！」當時有很多賓客在座，李太守和他的賓客對孔融的這一番話都很驚奇。

其中有一個中大夫陳韙，剛好晚到，在座的賓客將孔融的話告訴他後，他隨口說道：「小時了了，大未必佳。」聰明的孔融立即反駁地道：「我想陳大夫小的時候，一定是很聰明的。」陳韙給孔融一句話難住了，半天說不出話來（見《世說新語》）。

後來的人便引用這段故事中的兩句話，將「小時了了」引成成語，來說明小孩子從小便生性聰明，懂得的事情很多。但因下文有「大未必佳」一語，故這句成語的意思便成了：小時雖然很聰明，一到長大了卻未必能夠成材。

所以這句話表面上雖是讚揚，實際上卻是譏誚人、輕蔑人的。所以我們應用時便不能將它用來稱讚別人，否則將被人誤解你有心譏刺、輕視人了。

4. 光耀門楣

在宋朝，知識份子是最被社會所推崇的，所以，每年應試科舉的人很多，鄉里間若是出了一個會讀書的人，那就是鄉里間莫大的光榮，若是有中個秀才就夠被人崇拜了，更何況是參加京試上了榜，若是考中前三名（就是狀元、榜眼、探花），那更是不得了，都是直接留在朝中做大官的，連家裡都可以翻修一番，把家門修高修闊，連家裡門上的那根木頭（門楣）都可以裝飾一番，這就是「光耀門楣」，鄉里的人從此會對家人畢恭畢敬。

遊褒禪山記

王安石

褒禪山，亦謂之華山，唐浮圖慧褒始舍於其址①，而卒②葬之，以故③其後名之曰褒禪。今所謂慧空禪院者，褒之廬冢④也。距其院東五里，所謂華陽洞者，以其在華山之陽⑤名之也。距洞百餘步，有碑仆道⑥，其文漫滅⑦，獨其爲文猶可識⑧，曰：「花山」，今言「華」如「華實」之「華」者⑨，蓋音謬也⑩。其下平曠⑪，有泉側出，而記遊者⑫甚眾，所謂前洞也。由山以上五六里，有穴窈然⑬，入之甚寒，問其深，則其好遊者不能窮⑭也，謂之後洞。

---

①浮圖：佛陀的另一稱呼，這裡指稱和尚。慧褒：唐高僧的法號。舍於其址：建屋子在這個地基上。

②卒：終，死。

③以故：因此。

④廬：屋子。冢：墳墓。

⑤華山之陽：華山的南邊。

⑥仆道：橫在路上，或說是躺在路邊。

⑦漫滅：濕壞消滅。

⑧識：辨識，認出來。

⑨今言「華」如「華實」之「華」者：華音ㄏㄨㄚˊ或ㄏㄨㄚˋ，而非ㄏㄨㄚ。

⑩繆：荒謬，奇怪的錯誤。

⑪平曠：平坦空曠。

⑫「記遊者」，與下文「來

余與四人擁火⑮以入，入之愈深，其進愈難，而其見愈奇。有怠而欲出者，曰：「不出，火且盡。」遂與之俱出。

蓋予所至，比好遊者尚不能什一，然視其左右，來而記之者已少。蓋其又深，則其至又加少矣。方是時，予之力尚足以入，火尚足以明也。既其出，則或咎⑯其欲出者，而予亦悔其隨之，而不得極乎遊之樂也。

於是予有歎焉，古人之觀於天地、山川、草木、蟲魚、鳥獸，往往有得，以其求思之深而無不在也。夫夷以近，則遊者眾；險以遠，則至者少。而世之奇偉瑰怪非常之觀，常在於險遠，而人之所罕⑰至焉。故非有

而記之者」相同，記自己曾來此遊過。

⑬窈然：深遠的樣子。

⑭窮：盡。

⑮擁火：拿著火把。

⑯咎：責怪。

⑰罕：少。

誌⑱者不能至也。有志矣，不隨以止也，然力不足者，亦不能至也。有志與力，而又不隨以怠⑲，至於幽暗昏惑，而無物以相之，亦不能至也。然力足以至焉而不至，於人爲可譏，而在己爲有悔。盡吾志也，而不能至者，可以無悔矣。其孰能譏之乎？此予之所得也！

余於仆碑，又以悲夫古書之不存，後世之謬其傳而莫能名者，何可勝道也哉？此所以學者不可以不深思而慎取之也。

四人者：廬陵蕭君圭君玉，長樂王回深父，余弟安國平父、安上純父。

至和元年七月某日，臨川王某記

---

⑱誌：紀錄。

⑲怠：怠惰，偷懶。

譯文

褒禪山，也叫做華山，唐代時有一個和尙，名叫慧褒，在這裡建立了房子修道，死後也葬在這裡，所以後來的人就叫這座山褒禪，現在的慧空禪院，也就是之前慧褒和尙的房子和墳墓的擴建。距離慧空禪院東方五里遠，有一個華陽洞，因爲洞在華山的南邊而得名。距離洞一百多步，有一個碑傾倒在路邊，上面刻的東西都已經被侵蝕得快要看不見了，只有中間的兩個大字稍微可以看出來，是：「花山」。現在說「華」這個字的音就跟「華實」之「華」一樣，這樣唸是不對的。從碑往下走，道路平坦寬闊，旁邊有泉水冒出來，寫「某某某到此一遊」的人也很多，這裡就是前洞。若是往上再爬五六里，有另一個看起來很深的洞，進去會覺得很寒冷，就算喜歡探險的人也沒走到洞底過，所以不知道有多深，這就是後洞。

我和四個人一起拿火把進洞，進去越深，路就越難走，但是洞中的景觀就越奇特。我們當中有人走累了想要出去，就跟大家說：「如果不出去的話，火把會不夠燒哦！到時候就出不去了。」所以大家就和他一起出去了。

我所到的地方，比起喜歡探險的人所進去的地方還不到十分之一，但是觀察洞的左右，寫「某某某到此一遊」的人已經很少。大概是因爲洞很深，所以很少人願意進去吧！在當時，我的力氣還足夠再往裡面走一段路，我的火把也還夠再燃燒一段時間。等到大家出來的時候發現這件事，都罵那位吵著要出來的人沒冒險精神，而我也後悔聽信他的話跟著出來，不能充分探險遊樂。

所以我就心生感嘆，古人觀察天地、山川、草木、蟲魚、鳥獸的自然現象，往往都有心得，這是因爲他們曾經深刻的探求和思考。大約平坦路近，遊覽的人就多；危險路遠的，遊覽的人就少。所以世界上所有奇異美麗的景色，常常都在危險遙遠，人跡少到的地方。所以沒有堅強的志氣，就不能走到。有了志氣，就不會隨便聽信他人而改變，但要是力量不夠，也不能走到。要是有志氣又有力量，又能不跟著別人偷懶，可是到了黑暗看不見的地方，沒有光的幫助，還是不能走到。但是，自己的力量可以走到而不走，會被別人譏笑，自己也會後悔。若是盡力實現自己的志向，卻還是不能達到目的，這樣也可以不後悔，別人也不會譏笑你，這就是我這次遊山的心得。

我看到倒下的石碑，又悲傷古書的消失，讓後代傳說錯誤，不能說明白的，眞不知道有多少？所以求學問的人一定要深刻的想、謹愼的選擇。

這次同遊的四個人：住在廬陵的蕭君圭字君玉、住在長樂的王回字深父，我的弟弟安國字平父、安上字純父。

作者介紹

王安石（西元一〇二一～一〇八六年）字介甫，號半山，臨川（今江西臨川）人，是卓越的大政治家。神宗時，當參知政事的官，隔年升任同中書門下平章（宰相）。頒行新法進行改革共七年，頗有成績。後施政遇到困難，於熙寧九年辭官，在江寧終老。封荊國公，卒諡文，著有《臨川集》。他是唐宋八大家之一。散文以政論文爲多，大多針對時弊，深刻分析，主張明確，說服力極強。如〈上仁宗皇帝書〉、〈答司馬諫議書〉、〈讀孟嘗君傳〉等，表現他對國家、人民的關心。山水記如〈遊褒禪山記〉，是遊記形式的說理文，顯示了學習上的剛毅堅忍的精神。〈石門亭記〉表示了隨處關心人民疾苦的政治態度。他的散文一般立意超卓，概括力和邏輯性較強，語言簡練樸素。

導讀

小朋友，你平常在寫遊記的時候，都是怎麼寫的呢？是不是寫我今天到哪裡玩，玩了些什麼，然後就很高興的回家了。但是，王安石這篇遊記卻寫的不太一樣唷，到底有哪裡不一樣呢？

在這篇文章中，提到了幾件事，第一件，就是褒禪山＝花山＝華山，花山變華山是被世人所誤用的；第二件，就是古碑倒在路邊，沒人理它；第三件，就是要去洞窟探險，但卻因爲有人膽小而折返，後悔不已。接下來，王安石就根據這三件事發表了他的心得感想，最後，補充說明到底是哪四個人和他一起去玩。

在這篇文章中所提到的三件事，之間有什麼關聯，讓王安石可以有一大段的感想呢？希望小朋友在閱讀時可以朝此一方向來思考。另外，一般而言，我們在寫遊記時，都是在一開始就交代一起去玩的有哪些人，但是王安石爲什麼要將他擺在最後呢？感覺上還是用備註式（P.S.）寫法，爲什麼會這樣子做呢？也是很值得小朋友來思考的。

所以，在看過這篇文章後，你覺得它還單純是遊記嗎？或者比較像說理的文章？小朋友，以後再看文章的時候，千萬不要被他的外表所騙了唷！

閱讀思考站

1. 讀完這篇文章後，你覺得王安石爲什麼這麼在意古碑倒在路邊？
2. 讀完這篇文章後，你覺得王安石爲什麼這麼在意「花」山變「華」山？
3. 讀完這篇文章後，你覺得王安石爲什麼這麼在意去洞窟探險，但卻因爲有人膽小而折返？
4. 讀完這篇文章後，你覺得王安石有什麼心得感想？你自己的心得感想呢？
5. 讀完這篇文章後，你覺得〈遊褒禪山記〉實際上所要描寫的主題是什麼？

語文加分區

華和花的區別

華【12畫】	ㄏㄨㄚˋ	名詞	①山名，在陝西省，有「西嶽」之稱。
	ㄏㄨㄚˊ	名詞	①化妝品。例：鉛華 ②事物最有價值的部分。例：精華 ③時光。例：年華
		形容詞	①虛榮的。例：奢華 ②光彩美麗的。例：華麗 ③繁榮的。例：繁華 ④花白的。例：華髮
花【8畫】	ㄏㄨㄚ	名詞	①植物的生殖器官，生在莖枝上，分爲萼、冠、蕊等部分。 ②泛稱庭院中矮小供觀賞會開花的植物。例：花木 ③像花的東西。例：爆米花 ④姓。
		動詞	①耗費。例：花費
		形容詞	①模糊不清。例：眼花 ②顏色不純的。例：花狗 ③心不定，好玩樂的。例：花心 ④虛假不實。例：花言巧語

陋室銘

劉禹錫

山不在高，有仙則名；水不在深，有龍則靈。斯是陋室，惟吾德馨①。苔痕上階綠，草色入簾青。談笑有鴻儒，往來無白丁②。可以調素琴，閱金經③。無絲竹④之亂耳，無案牘⑤之勞形。南陽諸葛⑥廬，西蜀子雲⑦亭。孔子曰：「何陋之有？」

①馨：能散布到遠處去的香味。
②鴻儒：大學者。白丁：不識字的平民。
③金經：用泥金（金箔加膠水製成的金色顏料）寫成的佛經。
④絲竹：各種樂器。絲：絃樂器。竹：管樂器。
⑤案牘：官府的文書。
⑥諸葛：諸葛亮，三國蜀漢丞相。
⑦子雲：揚雄，成都人，西漢辭賦家。

譯文

山，不在於高，有神仙住就會出名；水，不在於深，有蛟龍潛藏就會顯靈。這雖是一間簡陋的小屋，但我的德行卻遠近聞名。青苔爬滿台階，翠綠可愛；芳草從窗簾映入，青碧怡人。

平時有飽學之士相互談笑，出入交遊，不見鄙陋之人。可以彈未裝飾的琴，可以看看金字的佛經。沒有音樂雜聲擾亂心境，沒有官府文書勞神傷身。讓我想到南陽有諸葛亮的茅廬，西蜀有楊子雲的圓亭。我的小屋不也是一樣的嗎？就像孔子說：「這有什麼簡陋的呢？」

作者介紹

劉禹錫（西元七七二～八四二年），字夢得，與白居易同年出生，是唐朝大詩人和文學家。他的詩通俗易懂，喜歡利用擬人、擬物、借代、譬喻等手法寫作。〈竹枝詞〉、〈楊柳枝詞〉和〈浪淘沙〉三組詩，富有民歌特色；〈烏衣巷〉、〈石頭城〉和〈柳枝詞〉則對後世的詩人和詞人有很大的影響。

劉禹錫一生生活不幸、做官也不順利。他結婚九年，妻子就死亡，這對他感情上的打擊很大。後來公開因反對宦官和藩鎮割據勢力，西元八〇五年到八三五年間從監查御史貶爲到各地去當官，八三六年升職爲太子賓客，不過六年後就去世了，在政治上一直沒有辦法有成就。

不過幸好劉禹錫對於佛家思想與道家思想一直都有研究，他的哥哥也在修道，所以對於這些不如意的事，還不會一直埋怨，或者想不開。

導讀

「銘」的寫法有很多種，有墓誌銘、座右銘、金石銘……等，主要都是在傳達一些重要的事件、道理，或是想法。本篇〈陋室銘〉也是這樣。不過，陋室銘這三個字不讓人覺得奇怪嗎？因爲依照「銘」的使用情況來看，通常都是很珍貴的、很重要的情況才會使用，既然是「陋室」，又怎能使用此一文體？再說，「室」比「屋」還小，有什麼好記的？再加上還是「陋」室；陋，就是簡陋，簡陋就是沒有什麼東西，那還要記什麼？既然沒什麼好記的，那又使用「銘」這種要萬古流芳的文體，豈不是更奇怪？

再看到劉禹錫寫的內容，有寫到任何室內佈置嗎？他寫的是雖然住在這樣破爛的地方，但是只要有書、有朋友、不需要煩心政治上的事，也還不至於會餓肚子，這樣的生活他很滿意。觀察劉禹錫的生平，這種生活極有可能發生在他罷官的那一段時間。那時他妻子已經死了很久，他也被丟到各地做官很多次，政治上也無法有成就。也許，他乾脆放棄了，想要過一種脫離痛苦的生活，或許是修道的生活。希望藉由精神生活的充實，來彌補物質生活的不足。當中提到了諸葛亮、揚雄，他們都是隱士，在未成名前都默默充實自己，之後名震天下；又提到孔子說的話，說可讀書、有益友是件快樂的事。從這兩段前後矛盾的話中看來，劉禹錫還是沒辦法放下他的政治抱負，這或許是他後來又出來做官的原因吧！

閱讀思考站

1. 請整理出〈陋室銘〉中所出現的人、事、物。
2. 如果你是劉禹錫，過去十幾年在工作上一直都不順利，你的意見別人都不聽，還一直被派到很遠的地方去當官，身邊沒有人陪，朋友四散各處，然後現在還被免除官職，你心裡的想法是？
3. 你覺得劉禹錫為什麼要寫這篇「陋室銘」？

語文加分區

鴻【17畫】	
ㄏㄨㄥˊ	名詞：①鳥名，即大雁，游禽類，頸背灰褐色，背白，聽覺靈敏，喜群棲沼澤。②信札。例：來鴻
	形容詞：①通「洪」，大。例：鴻福

座右銘

嚴遵

夫疾行不能遁影，大音不能掩響。默然託蔭，則影響無因；常體卑弱，則禍患無萌①。口舌者，禍福之門，滅身之斧。言語者，天命之屬，形骸之部。出失則患入，言失則亡身。是以聖人當言而懷，發言而憂，如赴水火，履危臨深。有不得已，當而後言②。嗜欲者，潰腹之矛；貨利者，喪身之仇；嫉妒者，亡軀之害；讒佞者，刎頸之兵；殘酷者，絕世之殃；陷害者，滅嗣之場；淫戲者，殫家之塹；嗜酒者，窮餒之藪；忠孝者，富貴之門；節儉者，不竭之源③。五日三省，傳告後嗣，萬世勿遺④。

---

①夫疾行不能遁影……則禍患無萌。：「夫」發語詞。走的很快影子也不會不見，很大的聲音也不能掩蓋鐘聲。如果只是默默的躲在他人的保護之下，就不會受到爭權奪利的影響，常常表現出自己很弱，就不會惹禍上身。

②口舌者，禍福之門……當而後言。：我們的口舌，是會招來好事或壞事（甚至生命危險）的工具，言語則是使用這項工具的結果。如果亂講話，就會惹禍，如果講錯話太嚴重，甚至還會有生命危險。所以聖人說講話前要先想清楚，嚴重考慮後才講出來。

作者介紹

嚴君平名嚴遵，他是西漢末期的成都人，原名莊遵，字君平，後來漢書忌諱漢明帝劉莊的名，才將其改名爲嚴遵，他也一樣曾經被人邀請出去作官，被他拒絕了，以幫人占卜和教授易老爲生，立志一天只要賺一百錢，能夠過生活就好，剩下的時間都用來研究《老子》，著有《指歸》一書，重視哲理的運用。生前生後也都一直被人稱之爲莊子。嚴君平是揚雄的老師，揚雄成名之後，由於揚雄的推崇，嚴君平學說開始在中國各地流傳開來，甚至影響到了後來的道教。像道教中的「太上老君」，恐怕多半與四川人崇敬嚴君平有很大關係。在四川成都現在都還有一條街叫君平街呢！可見當年嚴君平被推崇的程度。

---

③嗜欲者，潰腹之矛……節儉者，不竭之源。：太愛吃就容易變胖或是生病；太追求金錢容易變成守財奴；嫉妒他人，會危害自己與他人的生命；說別人的壞話或謊話來達成自己的目的，會賠上自己的生命；如果個性太殘酷，就很難在世界上生存下去；陷害他人，就容易造成自己沒有後代子孫；如果喜歡追求很多女朋友（男朋友），就容易把家中的錢花光；太喜歡喝酒，就會因爲喝酒花光家裡所有錢。如果能夠盡忠盡孝，這樣的人就能夠有錢；如果能夠節儉不亂花，家裡的錢就會花不完。

④五日三省，傳告後嗣，萬世勿遺。：每天都要複習以上的話，還要傳給子孫，叫他們一代代傳下去都要遵守。

導讀

快樂即是健康，憂鬱即是疾病。（美、馬克吐溫）
眞正的藝術家，是絕對不傲慢的。（德、貝多芬）
金字塔是用一塊塊的石頭堆砌而成的。（英、莎士比亞）
讀書若未能應用，則所讀的書等於廢紙。（美、華盛頓）
人即在反抗自然的時候，也服從自然的法則。（德、歌德）
冬天來，春天就不遠了。（英、雪萊）
沒有錢是悲哀的事，但是金錢過剩則倍加悲哀。（俄、托爾斯泰）
人類唯一的引導人，就是他的良心。（英、邱吉爾）
憎恨會使人盲目。（英、王爾德）
天才是由百分之九十九的血汗和百分之一的靈感構成的。（美、愛迪生）

上面這十句句子，說話的人，小朋友你認識幾位呢？他們講的話你有沒有聽過呢？請問上面這些句子講的意思你都能夠了解嗎？請問你覺得這些句子的功能是什麼呢？

這些句子是上面這些有名的人講的話，但是也是他們做人做事時的想法或態度，常常用來提醒或是激勵自己。小朋友，請問一下，如果今天班上要參加躲避球比賽，你們班在參賽前會不會喊口號？老師會不會講一些鼓勵大家的話呢？小朋友請你想一想，那些口號和上面這些話有什麼共通處呢？如果今天你要考試了，老師或是爸媽會提醒你要複習、要用功，這些提醒的話和上面這些話相比較又有什麼共通處呢？請小朋友想一想，你就知道什麼是座右銘了唷。然後，再看看文章，看看嚴遵的希望吧！

閱讀思考站

1. 讀完這篇文章後，請問你覺得嚴遵希望哪些事不要做？
2. 讀完這篇文章後，請問你覺得嚴遵希望哪些事一定要做？
3. 讀完這篇文章後，請問你覺得嚴遵寫這個座右銘是寫給他自己看？還是寫給家人看？還是他和家人都要看？爲什麼？
4. 請寫下你自己的座右銘。

語文加分區

座右銘

在人生的過程中，總有那麼一句話、一個道理，能夠啓發自己，成爲自己待人處事的準則，於是把這些寫好放在書桌前（通常是右邊），每天就可以自我提醒，就像有長輩在旁邊，時時耳提面命一樣，就叫「座右銘」。銘，就是鑄刻的意思。座右銘其實就是人生自我的定位、自我要求，是自我設定的目標。

養蜜蜂的大道理

靈邱丈人

劉基

靈邱①丈人善養蜂，歲收蜜數百斛②，蠟稱③之，於是其富比封君④。丈人卒，其子繼之。未朞月⑤，蜂有舉族去者，弗恤⑥也，歲餘去且半，又歲餘盡去，其家遂貧。陶朱公⑦之齊，過而問焉，曰：「是何昔日之熇熇⑧而今之涼涼也？」

其鄰之叟對曰：「以蜂。」問其故，曰：「昔者丈人之養蜂也，園有廬，廬有守。刳木⑨以爲蜂之宮，不罅不漏⑩。其置也，疏密有行，新舊有次，五五爲伍，一人司之，視質生意，調其暄寒，鞏其架構，時其墐

①靈邱：山東滕縣。
②斛：容量單位。
③稱：一樣多。
④封君：有封地的貴族。
⑤朞月：一個月。
⑥弗：不。恤：在意。
⑦范蠡，字少伯，春秋末楚國宛（河南南陽縣）人。曾幫助越王勾踐滅亡吳國。後到陶（山東定陶縣西北），改名陶朱公，以經商致富。
⑧熇熇：繁盛的樣子。
⑨刳木：挖空木頭。
⑩罅：透風。漏：漏雨。

發。蕃則從之析之，寡則與之裒之，不使有二王也。去其蛛蝥蚍蜉，彌其土蜂蠅豹。夏不烈日，冬不凝澌，飄風吹而不搖，淋雨沃而不潰。其取蜜也，分其贏⑪而已矣，不竭其力也。於是故者安，新者息，丈人不出戶而收其利。」

「今其子則不然；園廬不葺，汙穢不治，燥溼不調，啓閉無節，居處卼臲⑫，出入障礙，而蜂不樂其居矣。及其久也，蛅網其房而不知，蛇蟻鑽其室而不禁；鷯鳥掠之於白日，狐狸竊之於昏夜，莫之察也。取蜜而已，又焉得不涼涼也哉！」

陶朱公曰：「噫！二三子識之，爲國爲民者，可以鑒矣。」

---

⑪贏：多餘的。

⑫卼臲：危險不安。

譯文

靈邱那個地方有一位老人非常善於養蜂，每一年他能收穫好幾百斛蜂蜜，收的蜂蠟也和蜂蜜一樣多，這樣一來，他的富有幾乎和一位擁有封地的貴族一樣了。老人去世以後，他的兒子繼承了他的養蜂事業，才不滿一個月，蜜蜂就一窩一窩的飛走了，可是他並沒有因爲這種現象感到憂慮不安。過了一年多，逃走的蜜蜂將近一半。又過了一年多，剩餘的蜜蜂全都飛走了，他的家因此開始衰敗窮困。陶朱公來到齊國，路經靈邱丈人的家，看到他家衰敗的情況，很奇怪的詢問說：「這個地方爲什麼以前那麼繁盛，現在卻是這樣冷落呢？」

他家鄰居的老翁說：「因爲蜜蜂的緣故。」陶朱公又追問原因，老翁回答說：「從前靈邱老人飼養蜜蜂時，園內有房舍，房舍裡有人看守。挖空樹木來作爲蜜蜂的居處，不透風、不漏雨。安置蜂房時，間隔寬窄有一定的行列，新舊蜂房有一定的次序，每五個蜂房作爲一組。由一個人負責管理，觀察蜜蜂生殖繁衍的情形，調整氣溫的冷暖，鞏固支架與結構，按照時節來爲蜂房塞孔開洞。如果蜜蜂繁殖多了，就把它們分開，使一窩分成兩窩，若蜜蜂少了，就把它們聚攏在一處，不讓一個蜂房內有兩個蜂王。淸除蜘蛛、蟊蟲以及大螞蟻，消弭土蜂、蠅虎的危害。夏天不使蜂房受到烈日的曝曬，冬天則不受嚴寒的侵襲。暴風吹襲，蜂房不會搖落，大雨澆灌也不會毀壞。老先生採收蜂蜜，只是收取多餘的部分罷了，並不會全部拿走使蜜蜂無法生存。因此老蜂生活得很安定，新蜂也生生不已，老先生不必出門就可以收取蜂蜜的利益。」

「現在他的兒子就不是這樣了：蜂園中的蘆舍不修補，骯髒了也不清理；乾燥或潮濕不加以調節，蜂房的開閉不按時節；蜜蜂的居處充滿危險，進出蜂房有很多障礙，因此蜜蜂也就不喜歡牠們所居住的地方了。等到時間一久，小蛾蟲吐絲把蜂房都網住了，卻還不知道；蛇蟻把蜂房都鑽出了孔洞，卻不加以禁止。鷦鷯在白天來掠食蜂蜜，狐狸也在黑夜來竊取蜂蜜，卻還不加以注意，只知道收取蜂蜜罷了，像這樣又怎麼不會變得蕭條冷落呢！」

陶朱公說：「唉！弟子們要記住這個教訓啊！治理國家、統治人民的人，應該以此爲誡。」

作者介紹

劉基（西元一三一一？～一三七五年），字伯溫，處州青田縣（今浙江青田縣）人。生長在元朝時代。他幼年就很聰明。十四歲入太學，對於天文、兵法、數術沒有一個不精通的。元文宗至順年間（西元一三三〇？～一三三三年）考上進士，以廉潔正直有名，但卻因此得罪了權貴。因此寫了《郁離子》，用寓言來嘲笑諷刺當時政治。之後他就不做官而回到故鄉隱居。

等到明太祖想要統一天下時，聽到劉基的事蹟，便重金禮聘五十歲的劉基，劉基寫下了〈時務十八策〉送給明太祖，明太祖大爲嘆服，尊稱他爲老先生，而不叫他的名字，從此對他言聽計從。明朝的開國制度，大多是他和宋濂、李善長等擬定的。明太祖曾經把他比喻爲漢朝的張良。賜封誠意伯，回鄉養老。不過之後明太祖怕其他人奪取他的天下，加上奸臣胡惟庸等又多進讒言，對劉基屢次陷害，說他爭權奪利，劉基此時雖然已經不管朝政，但是個性剛直，常常忤逆皇上的意見，結果就被奪去俸祿，六十五歲去世。有《誠意伯集》二十卷。

導讀

小朋友，請問你對蜜蜂的認識有多少？我們平常習慣稱呼的蜜蜂，是蜂類族群中的素食者，因爲牠們都是靠採集花粉、花蜜來吃、來儲存，轉化成身體活動的能量。但是另外一些蜂類，像是胡蜂、虎頭蜂等，可就是肉食性的蜂類了，他們的主食就是他們同類的素食蜂和其他小昆蟲，因爲吃肉，所以攻擊性較強，毒性也較強，甚至像殺人蜂（歐洲蜜蜂和非洲蜜蜂的混種，一九五〇年代逃出巴西實驗室，繁殖力驚人，已擴展到美國南部）還會主動攻擊人類呢！所以肉食蜂的蜂房常不會有蜂蜜，就算有，也是殺害其他蜜蜂後奪來的。

那麼，要怎麼樣區分蜜蜂和肉食蜂呢？蜜蜂建立蜂房的地方通常在有很多花開放的地方，蜂房不論品種大概都呈紡錘型。肉食蜂的蜂房形狀則千奇百怪，有住在地底下的，有的蜂房像個橢圓形，有的蜂房可以像紙一樣一片一片撥下來，通常都住在有很多小昆蟲的地方。

環境會嚴重影響蜜蜂居住的意願，蜂后會選擇一個最適合的場所定居，生養後代。所以，以前的人要是想要養蜜蜂，就要掌握新的蜂后產生的時間，跟隨著新蜂后和牠身邊的一小群蜜蜂，用煙燻阻擋蜜蜂的行動，再用大布袋將蜜蜂群裝起來，帶回蜂房，讓新蜂后考慮要不要定居，只要蜂后進去了，其他蜜蜂就會跟進，就會在裡面建立群落。下一任蜂后產生後，只要環境優良，牠也會在附近定居，並帶走一小群蜜蜂，使附近的蜜蜂群壯大。若是環境很糟糕，新蜂后就會帶走大部分的蜜蜂到別的地方生活，讓原來的蜂后族群步上死亡。

小朋友，在了解了這些有關蜜蜂的知識後，再來看看文章，比較一下靈邱丈人和他的兒子養蜜蜂的方法吧！

閱讀思考站

1. 請問爲什麼鄰居認爲靈邱丈人家變窮是因爲蜜蜂的緣故？
2. 請問爲什麼陶朱公會將這件事情和治理國家聯想在一起？
3. 請問若是依照靈邱丈人的方法來治理國家，你會做哪些事呢？

語文加分區

寓言

寓言一詞，最早見於《莊子》的寓言篇。是文學作品的一種體裁，屬於故事的一種，也就是寫事的記敘文，不過也有以人爲主題的寓言，藉由故事的劇情，讓人能夠了解深刻的道理。

螳螂捕蟬

劉向說苑卷九正諫

吳王欲伐荊，告其左右曰：「敢有諫者，死！」舍人有少孺子者，欲諫不敢，則懷丸操彈，遊於後園，露沾其衣，如是者三旦，吳王曰：「子來何苦沾衣如此？」對曰：「園中有樹，其上有蟬，蟬高居悲鳴飲露，不知螳螂在其後也！螳螂委身曲附，欲取蟬而不顧知黃雀在其傍也！黃雀延頸欲啄螳螂而不知彈丸在其下也！此三者皆務欲得其前利而不顧其後之有患也。」吳王曰：「善哉！」乃罷其兵。

譯文

有一次，吳王準備進攻楚國。他召集群臣，宣布要攻打楚國。大臣們一聽這個消息，低聲議論起來，吳王聽到大臣們在底下竊竊私語，好像有不同的意見，便很兇的大聲制止說：「各位不必議論，我決心已定，誰也別想動搖我的決心，倘若有誰執意要阻止我，決不輕饒！」大臣們面面相覷，誰也不敢亂說一句話就匆匆退朝了。有一位大臣回家後覺得不能因自己害怕而不顧國家的安危，就想到了一個辦法。

第二天一大早，這位大臣便帶著彈弓來到王宮的後花園內，連續三天。遇到了吳王，他卻裝著沒有看見，眼睛一直緊盯著一棵樹。吳王看到這位大臣的衣服已經被露水打濕了，卻沒有感覺，眼睛直盯著樹枝看，手裡還拿著一枝彈弓，便很納悶地拍拍他的肩，問說：「你在這裡做什麼？連衣服濕了都不知道？」那位大臣回答說：「我剛才看到一隻蟬在喝露水，完全不知道有一隻螳螂正弓著腰準備捕食牠，而螳螂也想不到一隻黃雀正把嘴瞄準了自己，黃雀更想不到我手中的彈弓會要牠的命……」吳王笑著說：「我明白了，不要再說了。」

最後，吳王打消了攻打楚國的念頭。

作者介紹

劉向（西元前七七～西元六年），字子政，本名更生。是西漢著名的經學家、目錄學家、文學家。他編寫的《別錄》二十卷，是中國古代目錄學的第一本書。宣帝時，曾經數次上奏，議論時政得失，相關文章收錄在本傳中。成帝河平三年初（西元二六年）領校群書。劉向校書，每一篇都有做分類整理、找出主旨，後來將這些文章合成《別錄》一書，不過原書已經不見了，只在別的書中有收錄幾篇。

導讀

小朋友，你有沒有過這種經驗？有一件事情，周圍的人都勸你不要去做，但是你卻不相信也不死心，非去做不可，等到做了，多半後悔不已，心想：「早知道我就聽別人的話，不要去試了！」旁邊的人或許還會冷冷的說你一句：「千金難買早知道。」

吳王是不是也是這樣子呢？吳國和楚國相比較，就像一隻螞蟻和一隻麻雀擺在一起一樣，大小實在差太多了。其次，如果楚國此時國君昏庸、朝臣爭權、貪污嚴重、民不聊生、國勢衰弱的話，或許還有可趁之機，但實際上並不是如此。如果前去攻打楚國，無論在軍力的強盛，後勤的支援上都不一定比得過楚國，這樣的戰爭還有勝算嗎？到時候搞不好還會造成吳國的滅亡，這麼做，無異是以卵擊石，自取滅亡。再說吳國有一定要攻打楚國的理由嗎？楚國並未對吳國展開侵略行動，唯一的理由就只有想要拓展吳國的勢力而已。爲了君王想要拓展領土疆域，就要用衆多的人民性命來換取，還會造成國家財政的耗用，這樣的成本會不會太高？而且天下又不只有吳楚兩國，旁邊還有越國在虎視眈眈。若是吳國精銳盡出前去攻打楚國，不就給了越國攻打吞併吳國的機會嗎？打贏了一小塊土地，卻失去了原有的領土，這樣合算嗎？

閱讀思考站

1. 讀完這篇文章後，請問你覺得吳王是個什麼樣個性的人？
2. 讀完這篇文章後，請問你覺得為什麼大臣會想到用這種方法來勸諫吳王不要出兵？
3. 讀完這篇文章後，你覺得你有沒有過吳王這樣的經驗，如果碰到這樣的事情你會怎麼處理？

語文加分區

螳臂當車　《莊子．內篇．人間世》

◎原文

顏闔將傅衛靈公太子，而問於蘧伯玉曰；「有人於此，其德天殺。與之為無方，則危吾國，與之為有方，則危吾身。其知適足以知人之過，而不知其所以過。若然者，吾奈之何？」

蘧伯玉曰：「……汝不知夫螳螂乎？怒其臂以當車轍，不知其不勝任也，是其才之美者也。戒之，愼之，積伐而美者以犯之，幾矣！」

◎譯文

春秋末期，魯國名士顏闔到衛國旅遊。衛靈公想要聘請他做孩子蒯的老師。蒯的性情十分兇暴，動輒殺人，顏闔想不到該怎麼辦，就只好前去請教蘧伯玉：「有一個人的性情相當凶暴，常常對人暴力相向。如果做了他的老師而放任他，將來必定危害國家；如果約束他，又必然會危及自己的生命。他是個只能看見別人的錯誤，卻看不見自己所犯錯誤的人，對這件事，我該怎麼解決呢？」

蘧伯玉說：「……你知道螳螂這種昆蟲嗎？有一隻螳螂一不小心飛到路上，見到車輪直衝而來，他以爲是敵人而怒氣沖沖舉起手臂想要抵擋，但是，卻被車輪輾得粉身碎骨。螳螂之所以這樣做，是因爲不知道他做不到，就像一個對自己的才能很滿意的人，並不知道自己的底限在哪裡。要小心啊！不要犯這種錯誤啊！若是自以爲有能力能夠改變自己能力所不及的事，那麼，下場多半會向那隻螳螂一樣啊！」

螳臂當車，比喻自不量力。

賣柑者言

劉基

杭①有賣果者，善藏柑②，涉寒暑不潰，出之燁然③，玉質而金色；置于市，賈十倍，人爭鬻④之。予貿⑤得其一，剖之，如有煙撲口鼻；視其中，則乾若敗絮。予怪而問之曰：「若所市於人者，將以實籩豆⑥，奉祭祀、供賓客乎？將衒⑦外以惑愚瞽也？甚矣哉，爲欺也。」

賣者笑曰：「吾業⑧是有年矣。吾賴是以食吾軀。吾售之，人取之，未聞有言，而獨不足子所乎？世之爲欺者，不寡矣，而獨我也乎？吾子未之思也。今夫佩

---

①杭：杭州，本杭縣所轄。地居錢塘江下游北岸，當運河終點，南倚吳山，西臨西湖，風景優秀，甲於全國。

②柑（請以台語發音便可知是哪一種水果）：常綠灌木，實似橘而圓大，皮色生青熟黃，未經霜時猶酸，霜後甚甜，故名柑子。

③燁然：光彩鮮明的樣子。

④鬻：賣。

⑤貿：買賣。

⑥籩豆：古代祭祀宴享時，用來盛棗栗之類的竹器和盛菹醢之類的高腳木器。

⑦衒：炫示、誇耀。

⑧業：動詞，以此爲業。

虎符⑨、坐皋比⑩者，洸洸乎⑪干城之具⑫也，果能授孫吳之略耶？峨大冠、拖長紳者，昂昂乎廟堂之器⑬也，果能建伊皋之業耶？盜起而不知御，民困而不知救，吏奸而不知禁，法斁⑭而不知理，坐糜⑮廩粟而不知恥；觀其坐高堂、騎大馬、醉醇醴⑯而飫⑰肥鮮者，孰不巍巍乎可畏、赫赫⑱可象⑲也？又何往而不金玉其外、敗絮其中也哉？今子，是之不察，而以察吾柑！」

予默然無以應。退而思其言，類東方生滑稽之流。豈其忿世嫉邪者耶？而託於柑以諷耶？

---

⑨虎符：古代作為掌管軍隊或用兵的虎形兵符。
⑩皋比：武將的座席。
⑪洸洸乎：威武、果毅的樣子。
⑫干城之具：指能禦敵而盡保衛責任的人。
⑬廟堂之器：國寶。比喻可擔當大任的才具。
⑭斁：敗壞。
⑮糜：耗、費。
⑯醴：甜酒。
⑰飫：飽食、飽足。
⑱赫赫：顯盛的樣子。
⑲可象：摹擬、效法。

譯文

杭州有個賣水果的，很會收藏柑橙，他的柑橙經歷嚴寒和酷暑也不會潰爛，拿出來還是光采鮮亮，質地如溫玉而顏色如黃金。放在市場中，要價比平常高十倍，人們卻爭相購買。我在好奇之下也花錢買了一個，我將柑橙撥開來，就像有一陣煙竄出來撲向口鼻，我往裡面一看，發現柑橙的果肉卻乾得像破舊的棉絮。我覺得很奇怪，就問他：「你所賣給人的柑橙，是要用來盛在祭器裡祭祀上天、招待賓客的呢？還是炫耀外表來愚弄那些傻子、盲人的呢？這樣子騙人，太過分了吧！」

賣橙柑的人笑著說：「我做這種買賣很多年了，我靠著這個養活自己。我賣它，別人買它，沒聽到有人說過什麼話，怎麼只有您覺得不滿意呢？在世界上做欺騙他人之事的人並不少啊！難道只有我嗎？你眞是沒有仔細想想。看看現在那些佩掛著兵符，坐在虎皮座褥上的人，威武勇毅得眞像是捍衛城池的大將，但是他們眞能拿出如孫武、吳起那樣的謀略嗎？那些戴著高大的帽子，垂著大腰帶的人，高傲神氣得也眞像朝廷的能臣呀！可是他們又眞能建立如伊尹、皋陶那般的功業嗎？現在國家裡盜賊屢起卻不知去對付，人民困苦卻不知救助，官吏奸邪卻不知禁止，法紀敗壞卻不知整飭，只會安坐著消耗國家倉庫裡的糧食，卻不知羞恥。你看那些坐在寬敞的廳堂，騎著壯大的好馬，沈醉在醇粹醲厚的美酒而飽食鮮味的人，那個不是威嚴得讓人害怕，顯赫得讓人羡慕呢？但是難道不是外表看起來像黃金美玉，內心卻像破舊的棉絮一樣呢！現在先生您沒有看到這些人，卻只看到我在賣不好的柑橙！」

我默默地，找不出一句話來回答他，回頭想想他的話，很像東方朔那種詼諧滑稽的人，難道他是憤世嫉俗、痛惡奸邪的人，借柑橙來諷諫嗎？

作者介紹

劉基（西元一三一一？～一三七五年），字伯溫，處州青田縣（今浙江青田縣）人。生長在元朝時代。他幼年就很聰明。十四歲入太學，對於天文、兵法、數術沒有一個不精通的。元文宗至順年間（西元一三三〇？～一三三二年）考上進士，以廉潔正直有名，但卻因此得罪了權貴。因此寫了《郁離子》，用寓言來嘲笑諷刺當時政治。之後他就不做官而回到故鄉隱居。等到明太祖想要統一天下時，聽到劉基的事蹟，便重金禮聘五十歲的劉基，劉基寫下了〈時務十八策〉送給明太祖，明太祖大為嘆服，尊稱他為老先生，而不叫他的名字，從此對他言聽計從。明朝的開國制度，大多是他和宋濂、李善長等擬定的。明太祖曾經把他比喻為漢朝的張良。賜封誠意伯，回鄉養老。不過之後明太祖怕其他人奪取他的天下，加上奸臣胡惟庸等又多進讒言，對劉基屢次陷害，說他爭權奪利，劉基此時雖然已經不管朝政，但是個性剛直，常常忤逆皇上的意見，結果就被奪去俸祿，六十五歲去世。有《誠意伯集》二十卷。

導讀

1. 小朋友，你有沒有陪媽媽到市場、超市、或是大賣場買東西過？
2. 在買東西的時候，媽媽都會注意什麼地方呢？
3. 如果生意人一直強調他的東西很好，你要不要買呢？
4. 如果一個東西比平常便宜很多，你想不想買呢？

上面這四個問題，請小朋友先想一想，同時回想一下，在健康與體育課本中所提到的購買物品所要注意的事項。然後，再閱讀這篇文章。

閱讀完了之後，請你想一想，為什麼賣橘子的會牽扯到政治呢？這就像我們有時坐在計程車上，計程車司機猛談藍色或是綠色哪邊好、哪邊不好，或是政府處理事情處理得不對之類的狀況。他這樣是不是有點在逃避問題？好像自己做錯就一定要拖別人下水一樣？就像班上同學間有時起了爭執，老師再問到底是誰先開始的時候，就會有同學說：「又不只有我，還有某某某……」之類的話。這樣做到底是對的還是錯的呢？

閱讀思考站

1. 就你的生活經驗中，有沒有買到不良商品的經驗？對上面這位販賣不良商品的人講的話，你覺得是贊成還是反對？理由是什麼？
2. 這位賣橘子先生講的話中所提到的官員所做的事，請問你覺得適當嗎？
3. 請問爲什麼作者後來會被他嚇到而講不出一句話來？

語文加分區

金玉其外，敗絮其中：外表像金玉般華麗，但是裡面卻盡是破棉絮。形容外表美好但內質破敗。

搬根木頭賺獎金

史記卷六十八商君列傳第八

徙木立信

孝公以商鞅爲左庶長，卒定變法之令。

令民爲什伍，而相牧司連坐。不告姦者腰斬，告姦者與斬敵首同賞，匿姦者與降敵同罰。民有二男以上不分異者，倍其賦。有軍功者，各以率受上爵；爲私情者，各以輕重被刑大小。僇力本業，耕織致粟帛多者復其身。事末利及怠而貧者，舉以爲收孥。宗室非有軍功論，不得爲屬籍。明尊卑爵秩等級，各以差次名田宅，臣妾衣服以家次。有功者顯榮，無功者雖富無所芬華。

令既具，未布，恐民之不信，已乃立三丈之木於國都市南門，募民有能徙置北門者予十金。民怪之，莫敢徙。復曰「能徙者予五十金」。有一人徙之，輒予五十金，以明不欺。卒下令。

譯文

秦孝公任用商鞅為左庶長，商鞅訂定了一個改革的法令。新法令賞罰分明，將民家編成單位，一人犯錯，同單位的人要一起承擔。一家中有兩個未成年男子卻不分家的，賦稅加倍。以打仗立功訂下標準獎勵官職和爵位。若是為自己利益而損害公共利益的，依照情節輕重決定刑罰。多生產糧食和布帛的，免除官差的勞動。凡是為了做買賣和因為懶惰而貧窮的，連同妻子兒女都罰做官府的奴婢。貴族沒有軍功的就沒有爵位。將各種階層的人民所擁有的房子、田地的大小、形式、妻妾的服裝樣式做出區別，有功的人就可以用比較高等級的，不然就算你再有錢也只能用平民的等級。

但是商鞅怕老百姓不信任他，不按照新法令去做。就先叫人在都城的南門豎了一根三丈高的木頭，下命令說：「誰能把這根木頭扛到北門去的，就賞十兩金子。」不一會，南門口圍了一大堆人，大家議論紛紛。有的說：「這根木頭誰都拿得動，哪兒用得著十兩賞金？」有的說：「這大概是左庶長開玩笑吧。」沒有一個人願意去扛木頭。

商鞅知道老百姓還不相信他下的命令，就把賞金提到五十兩。沒有想到賞金越高，看熱鬧的人越覺得不可能，沒人敢去扛。突然，人群中有一個人跑出來，眞的把木頭扛起來搬到北門。商鞅立刻派人賞給扛木頭的人五十兩金子。這件事立即傳開，一下子轟動了秦國。老百姓說：「左庶長的命令一定會做到呢！」商鞅知道，他的命令已經起了作用，就把他訂定的新法令公布了出去。

☺作者介紹

司馬遷（西元前一三五～西元八七年），字子長，夏陽（今陝西韓城）人。他生於史官世家，祖先自周代起就任王室太史，掌管文史星卜。父親司馬談在武帝即位後，任太史令達三十年之久。司馬遷十歲起誦讀「古文」，並接受父親的教育。後跟隨父親去長安，和當時著名經學大師孔安國、董仲舒學習《古文尚書》和《春秋》。十九歲到太學讀書。二十歲隨博士褚太等六人「循行天下」，開始了他的遊歷生活。司馬談死後，司馬遷繼任父職為太史令，天漢二年（西元前九九年），他的同事李陵出征匈奴時被圍，他為李陵辯解惹惱了漢武帝，命令把司馬遷判為死罪（或以腐刑代替）。司馬遷遇到這樣的災難，下定決心要完成父親去世前交代要他完成的史書。經過六年的囚禁生活，征和元年（西元前九三年）終於出獄。武帝對司馬遷的才能還是愛惜的，任命他為中書令，掌管文書工作。但是司馬遷已將精力放在寫書上，終於完成《史記》。

導讀

秦孝公的時代，在春秋時代，當時秦國只是一個在西方的小國家，並不強盛，也不引人注意，秦孝公爲了想要使國家強盛，就想盡辦法吸引人才來到秦國，商鞅就是當時被吸引過去的人之一。他和秦孝公對談了很久，提出他在秦國這一段時間的所見所得。他看到的是秦國有一些物產是其他國家所沒有的，所以可以善加利用；而且秦國人民生性較爲強悍，這也是可以利用的；再加上秦國人民刻苦耐勞，沒有浮華氣息，這也是可以利用的。所以，他提出了許多具體讓秦國富強的做法，秦孝公覺得商鞅講得很有道理，所以就任命他當左庶長，類似像現在內政部長的位子，不過還包含了法務部和財政部等事務。

商鞅是春秋時代的法學家，他認爲人民應該用嚴格而有效率的法律來規範，這樣所有的事情就會有規矩。其實這跟我們平常在訂定班規的概念差不多，像是遲到、作業缺交、忘記帶學用品等這些行爲，我們都會訂定罰則，且認眞執行，目的就是希望被罰的人不要再犯。商鞅也是這樣想的。只不過他的法律比起我們的班規，詳細又嚴格多了。之後也的確達到了讓秦國富強的結果，但是商鞅卻因爲執法嚴格不分階層而得罪太子，逃亡期間又因爲自己訂定的法律而被抓，最後被殺，這種結果應該也不是商鞅本來能夠預料得到的吧！

閱讀思考站

1. 請問你覺得商鞅爲什麼要制定這樣的法律？
2. 請問你覺得商鞅的法律和我們現在的法律相比較有何異同？
3. 請問商鞅爲什麼希望人民要相信他，才公布法令？

語文加分區

一諾千金

◎原文

史記卷一百　列傳第四十　季布欒布

季布者，楚人也。爲氣任俠，有名於楚。項籍使將兵，數窘漢王。及項羽滅，高祖購求布千金。敢有舍匿，罪及三族。……

楚人曹丘生，辯士，數招權顧金錢。事貴人趙同等，與竇長君善。季布聞之，寄書諫竇長君曰：「吾聞曹丘生非長者，勿與通。」及曹丘生歸，欲得書請季布。竇長君曰：「季將軍不說足下，足下毋往。」固請書，遂行。使人先發書，季布果大怒，待曹丘。曹丘至，即揖季布曰：「楚人諺曰：『得黃金百斤，不如得季布一諾』，足下何以得此聲於梁、楚間哉？且僕楚人，足下亦楚人也。僕游揚足下之名於天下，顧不重邪？何足下距僕之深也！」季布迺大說，引入，留數月，為上客，厚送之。季布名所以益聞者，曹丘揚之也。

◎譯文

秦朝末期時，有一個叫季布的楚人，他生性耿直、樂於幫助別人，尤其是他答應過人家的事，就算再困難，他都一定會想辦法做到。也因此，他受到了很多人的誇讚和信賴。

季布曾在項羽旗下領兵打仗，且打敗過劉邦好幾次。項羽自殺後，劉邦登上皇位（即漢高祖）便下令緝拿季布，後因旁人游說劉邦，稱讚季布的為人、處事，劉邦就撤去了通緝令，還封季布做了河東守。

當時有一個叫作曹邱生的人，他是季布的同鄉，是一個喜歡結識有權有勢的官員，以此提高自己身價的人。當他知道季布當了大官時，便趕緊登門來巴結季布，可是季布因厭惡他的為人，便對他不屑一顧。

而曹邱生卻卑微屈服地，並做出很驚喜的樣子對季布說：「我聽楚人說：『即使是得到了百斤的黃金，也抵不上季布的一個承諾』，你的名聲為何可以在梁楚之間這麼大呢？我是楚國人，你也是楚國人，我為了你遊訪天下，到處宣揚你的名聲，你為何要拒絕我呢？」季布聽了後很高興，就招待曹邱生玩了好幾個月。因為曹邱生這麼做，讓季布的名聲反而更大了。

這個故事以「一諾千金」來說明了一個人的高尚人格和誠信的品德，是任何金錢物質都比不上的。若是沒有能力做到的，就不要輕易答應別人，要是答應了別人就應盡量辦到，不失信人。當然我們在答應人家時一定先要考慮他的要求是不是正當的、合理的，不要答應別人不合理的要求，以免犯錯。

圬者王承福傳

韓愈

圬之爲技賤且勞者也。有業之，其色若自得者。聽其言，約而盡。問之，王其姓。承福其名。世爲京兆長安農夫。天寶之亂，發人爲兵。持弓矢①十三年，有官勳②，棄之來歸。喪其土田，手衣食，餘三十年。舍於市之主人，而歸其屋食之當焉。視時屋食之貴賤，而上下其圬之以償③之；有餘，則以與道路之廢疾餓者焉。

又曰：「粟，稼而生者也；若市與帛。必蠶績而後成者也；其他所以養生之具，皆待人力而後完④也；吾

①弓矢：弓箭。
②官勳：官位勳章。
③償：清償、償還。
④完：完善、完備、做完。

皆賴之。然人不可遍⑤爲，宜乎各致其能以相生也。故君者，理我所以生者也；而百官者，承君之化者也。任有大小，惟其所能，若器皿焉。食焉而怠其事，必有天殃，故吾不敢一日舍鏝⑥以嬉。夫鏝易能，可力焉，又誠有功；取其直雖勞無愧，吾心安焉夫力易強而有功也；心難強而有智也。用力者使於人，用心者使人，亦其宜也。吾特擇其易爲無愧者取焉。」

「嘻！吾操鏝以入富貴之家有年矣。有一至者焉，又往過之，則爲墟⑦矣；有再至、三至者焉，而往過之，則爲墟矣。問之其鄰，或曰：『噫！刑戮也。』或曰：『身既死，而其子孫不能有也。』或曰：『死而

---

⑤遍：全部。

⑥鏝：泥水匠工具，像鏟子，面平，用來抹平水泥。

⑦墟：廢墟、荒廢的房舍。

歸之官也。』吾以是觀之，非所謂食焉怠其事，而得天殃者邪？非強心以智而不足，不擇其才之稱否而冒之者邪？非多行可愧，知其不可而強之者邪？將富貴難守，薄寶而厚饗之者邪？抑豐悴有時，一去一來而不可常者邪？吾之心憫焉，是故擇其力之可能者行焉。樂富貴而悲貧賤，我豈異於人哉？」

又曰：「功大者，其所以自奉也博。妻與子，皆養於我者也；吾能薄而功小，不有之可也。又吾所謂勞力者，若立吾家而力不足，則心又勞也。一身而二任焉，雖聖者始可爲也。」

愈始聞而惑之，又從而思之，蓋所謂「獨善其身」者也。然吾有譏焉；謂其自爲也過多，其爲人也過少。其學楊朱之道者邪？楊之道，不肯拔我一毛而利天下。而夫人以有家爲勞心，不肯一動其心以蓄其妻子，其肯勞其心以爲人乎哉？雖然，其賢於世者之患不得之，而患失之者，以濟其生之欲，貪邪而亡道以喪其身者，其亦遠矣！又其言，有可以警餘者，故餘之傳而自鑒焉。

譯文

泥水匠是一個需要記憶與大量勞動的職業。有一個做泥水匠的人，看起來卻做得很高興的樣子，聽他說話卻是簡約中富含道理。我就好奇的詢問他，他說他姓王，名叫承福，原先是京城長安附近的農夫。天寶之亂的時候，朝廷到處徵兵，他也被徵到軍隊中，當弓箭手十三年，也建立了軍功。但是他放棄了官位財富直接回家，卻發現家中的田地已經被別人侵占，所以他只好靠雙手賺錢來過生活，就這樣過了三十年。平常他就借住在雇用他的人家裡，也在他家吃飯，至於這些錢則以幫他們修補房屋代替，若是還有領到工錢或是食物，就捐給一些生活困苦的人。

他再說：「粟米，是種植所得來的；就像市場上的絲帛，一定是蠶絲紡線做成的一樣；其他所有支持生活必須的物品，都必須付出人力才能完成；我也是依賴著工具技能來過生活。但是，並不是所有人都要這樣做，必須要各司其職，互相幫忙才行。所以國君要負責人民的生計；百官則是依循國君的目標來做事。每個人所負責的任務雖然有大小有小，但是都要盡力去做，就像裝飯菜的碗盤一樣，若是只顧著吃而忽略了碗盤的清潔，最後健康一定會出問題，所以我一天也不敢捨棄我的工作去嬉戲。雖然這件工作很容易，只要付出勞力而已，但是卻是對人有幫助的工作。就是因爲這個工作只要付出勞力就可以幫助人，也可以讓我過活，也不用勞心。再說，出力的人被想計畫的人交代工作是很適當的，所以我就選擇這種很容易又不費心的職業。」

「唉！我到有錢人家作泥水匠已經很多年了。有去過一次的，再經過時，家已成廢墟；有去過兩三次的，再經過時，家也已成廢墟。詢問鄰居他家敗亡的原因，有的說：『唉！犯法被殺了。』有的說：『老爺死後，子孫不爭氣將家產敗光了。』又有的說：『老爺死後，因爲沒有繼承人，所以財產都充公了。』我看到這種情形，就覺得這不就是沒有盡到自己的本分，最後引來災禍嗎？這個和能力不足卻又想做超出自己能力的事情不是一樣的嗎？或者是做多了壞事，常常勉強別人的關係呢？或是有錢卻不知道節省，到處亂花錢的關係呢？還是因爲富貴窮困，周來復始，天命難違的關係呢？我常覺得這些人很可憐，也常警惕我自己，所以我選擇我能做得來的事情好好的做，並不是我和一般人不同，喜歡貧窮而不喜歡有錢的關係。」

他又說：「功勞大的人，所得到的回饋也較多，像是妻子和兒女都是要靠丈夫來養育的，所以他們就可以朝這方面來努力。像我能力淺薄，養不起妻子和兒女，所以沒有結婚。像我們這種出賣勞力的人，若是結婚卻無法養家，到時反而連心都要一起勞碌了。像這種身兼二職的事，只有聖人才能將兩件事同時做到完美呀！」

我韓愈剛聽到王承福講的話覺得聽不太懂，後來我想了想，他應該就是所謂的「獨善其身」的人吧！但是我卻覺得他的想法有不對的地方，因爲他的想法大部分都是爲了自己著想，爲別人著想的地方卻很少。這難道是學楊朱這個人的學說嗎？楊朱這個人，贊成所有事情以自己爲最優先考量，才不會爲了大衆的利益而犧牲自己。如果因爲人結婚生小孩就必須費心養育經營而覺得累，不肯爲自己的妻子兒女花心思，又怎麼會爲別人花心思呢？雖然有才能的人並不會因爲怕花心思而不做事；而一般人雖然覺得花心思很累，但是爲了過生活卻還是會去做。因爲貪婪而做壞事最後死亡的人，和前面兩種人相比，差得可遠了。我韓愈覺得王先生講的話雖然有不對的地方，但是仍然可以警惕世人，所以我就幫他寫了一篇傳記來提醒自己不要犯一樣的錯誤。

作者介紹

韓愈（西元七六八～八二四年），唐代文學家、哲學家。字退之。河內河陽（今河南孟縣）人。祖籍昌黎郡（今遼寧義縣），故世稱韓昌黎。晚年任吏部侍郎，又稱韓吏部。諡號「文」，又稱韓文公。從小就很貧窮，三歲喪父，哥哥韓會撫養他，韓會死後，嫂嫂鄭氏撫養他。七歲讀書，刻苦好學，十三歲時就能寫文章。於五十七歲逝世，一輩子過得十分坎坷，晚年在政治上較有作爲。他和柳宗元等主張「文以載道」，道是目的和內容，文是手段和形式，終於形成了唐代的古文運動。著作有《韓昌黎集》。

導讀

小朋友，你有沒有看過建築工地？有沒有看過建築工人工作的樣子？或是你們家有沒有裝修過？或是看過別人裝修房子？有沒有看過水泥預拌車（就是卡車的一種，但是後面有一個橢圓形的容器，會一直旋轉，接上管子後就會有水泥流出來）在路上奔馳？有沒有看過工人用水泥砌牆，有沒有看過工人用木板框出形狀，然後灌入水泥塑出形狀？這些雖然是現代建築所使用的工具技術與方法，但是除去材料之外，和古代的建築方法相比，泥水匠的工作大致上差不多。

現代建築用的是水泥，就是將一定比例的沙子、水和礦物土攪拌混合至泥狀，用以塑出形狀，或是接合建築材料，隨著混合比例的不同，水泥的硬度也不一樣。但是古代用的不是水泥，而是灰泥，就是將穀殼燃燒成灰，拌入水、黏土，用來接合磚頭、石塊，或是填補牆壁上的縫隙。所用的工具名稱雖然與現在不太一樣，但是鏟子、刮刀等的形狀倒是差異不多。

但是，這個工作是需要花費很大的力氣的。因爲必須頂著大太陽，搬運很重的建築材料，然後還要小心仔細的工作，混合比例要是不對，工作就白做了。所以韓愈當初才會對放棄官位動爵的王承福居然選擇做這一行而感到驚訝吧！因爲除了很辛苦不說，薪水也不高呀！但是王承福卻說因爲他不想要花心思競爭、花心思照顧別人所以才選這一個行業，這種說法，小朋友你覺得如何呢？

閱讀思考站

1. 小朋友，在了解了泥水匠的工作後，你會跟王承福一樣放棄錢財地位嗎？為什麼？
2. 你覺得王承福說他因為了解自己的能力，所以不做超出他能力的事，這種想法對不對？請說出你的看法？
3. 你覺得為什麼韓愈會覺得王承福很自私，卻又幫他寫傳來警惕自己呢？

語文加分區

1. 獨善其身：只顧自己不顧他人。
2. 一毛不拔：比喻非常吝嗇，一點點都不肯分給他人。

逍遙遊

莊子

惠子①謂莊子曰：「魏王貽我大瓠②之種，我樹③之成而實五石④，以盛水漿，其堅不能自舉⑤也。剖之以爲瓢，則瓠落無所容。非不呺然⑥大也，吾爲其無用而掊⑦之。」

莊子曰：「夫子固拙於用大矣。宋人有善爲不龜手⑧之藥者，世世以洴澼絖⑨爲事。客⑩聞之，請買其方百金。聚族而謀曰：『我世世爲洴澼絖，不過數金；今一朝而鬻技⑪百金，請與之。』客得之，以說⑫吳王。越有難，吳王使之將，冬與越人水戰，大敗越

---

①惠子：人名。擔任過魏國宰相，莊子的好友。
②大瓠：大葫蘆，植物名稱。
③樹：當動詞用，種植。
④石：容量單位，一石一百二十斤。
⑤自舉：表示「承受」之意。
⑥呺然：大而無用。
⑦掊：打破。
⑧不龜手：手不會龜裂。
⑨洴澼絖：洴澼，漂洗。絖，絲綿。意爲漂洗絲綿。
⑩客：意指外地人。
⑪鬻技：鬻，賣。意爲販賣技術。
⑫說：說服。

人，裂地而封之。能不龜手一也；或以封，或不免於洴澼絖，則所用之異也。今子有五石之瓠，何不慮以爲大樽⑬，而浮乎江湖？而憂其瓠落無所容，則夫子猶有蓬之心⑭也夫！」

⑬大樽：樽，古時盛酒之器，可繫在腰間。類似現在的救生圈，古時稱之爲「腰舟」。

⑭蓬之心：心靈受到阻塞不通。

譯文

惠子對莊子說：「魏王送我一顆葫蘆的種子，我栽種之後，竟然結出可以裝五石容量的大葫蘆，但是大葫蘆的質地不夠堅硬，用它來裝水，它卻無法承受水壓的重量；想要把它切開來當作水瓢用，可是又沒有那麼大的水缸。這顆葫蘆對我而言眞是大而無用，所以我就把它打碎了！」

莊子聽了回答說：「你眞是不會運用大的東西呀！宋國有一個人，他有一種能夠讓手腳不會凍裂的特製藥方，靠著這個藥方，世代子孫皆以替人漂絲絮謀生。有一個外來的遊客聽說了這件事，願意出一百金向他購買這個藥方。於是，這個宋國人就召集全家族的人來商議，他說：『我們家世世代代都替人漂洗絲絮，所得的酬勞不過數金而已，如果我們把這個藥方賣出去，一下子就可以得到一百金，依我看，我們就賣給他好了。』這個外來的遊客得到了這個藥方之後，就去遊說吳王。這時剛好吳、越開戰，吳王就讓他當將軍帶領軍隊迎戰，冬天時吳軍和越軍展開水戰，靠著這個藥方打敗了越軍，吳王很高興，就獎賞他一塊封地。一樣的藥方，有的人因它得到封地，有人卻只能靠它來漂洗絲絮，這全是因爲用法不一樣啊！現在你有一個五石的大葫蘆，只煩惱它大而沒有地方可放，卻不知如何去使用。其實，你可以把它當作救生圈一樣繫在腰邊，然後悠遊於江湖之上，看來惠子你的心靈還是閉塞沒有開竅啊！」

☺ 作者介紹

莊子原名莊周，別字子休，是戰國時代宋國蒙邑（河南省商丘縣）人，莊子約西元前三六九年出生，而死於西元前二八六年，享年約八十三歲，他是戰國時期哲學家也是文學家。他曾經做過「漆園吏」——這是管理漆園的一名小官，後來因爲不願爲官而歸隱鄉野。莊子雖然生活貧困，但是卻擁有非常淵博的學問。生平寫下來的文章，受到後世極高的評價，《莊子》一書更是傳世之作。在他所寫的寓言故事中，運用了許多古代的神話做爲素材，內容神奇難測，變化萬端，其中帶有驚人的想像力，機鋒所到，詭譎離奇，常令讀者愛不釋手。

導讀

親愛的小朋友！看完莊子和惠子之間的對話，你對「有用」和「無用」有什麼看法？我們提倡「資源回收」或是「廢物利用」，都是希望能盡量節約能源，做到物盡其用，這是不是剛好符應了莊子的想法。莊子認爲事情有多種的看法，當一種想法行不通時，可以轉換另一種方法，這便是「無用之用」。那麼什麼又是「有用」呢？這就全看使用者如何去運用它，如何把它的功能發揮到淋漓盡致，例如：寶特瓶除了可以當作容器使用，空瓶子也可以當作花瓶、筆架、燈罩……等美勞材料；火藥除了可以當作慶典鞭炮使用外，最大的功能應該是做成炸藥，讓工業進步交通便利吧！「有用」和「無用」是一種相對的價値觀，我們常說「天生我才必有用」！每個人都擁有自己獨特的潛能，所以小朋友千萬不要小看自己的能力，所謂「三百六十行，行行出狀元。」只要在自己喜歡的領域上，下定決心努力學習，有朝一日必定能學有專精受到肯定的，好好加油喔！

閱讀思考站

1. 聰明的小朋友！你認爲大葫蘆除了裝水和當腰舟（救生圈）之外，還可以做什麼用途？
2. 如果你是宋國漂洗絲絮的那個人，你會不會把特製藥方以一百金賣出去？爲什麼？

3. 如果你擁有這樣的藥方，你會如何去運用它呢？

語文加分區

多元智慧

哈佛大學心理學家Gardner的「多元智慧論」認為人至少有語文、邏輯、空間、肢體、音樂、人際、內省、自然觀察等八種以上的智慧。絕大多數人的智慧，都可以發揮到相當水準，多元智慧通常用複雜方式整合運作，每一種智慧都有多種表現方法。

在這提倡多元、適性的教育環境中，父母及師長們對多元智慧的了解是必要的，讓孩子們以專長來展現自己的能力，並且讓他們可以在一個較為包容接納的環境之中學習、成長，必能激發出孩子的自我潛能，進而產生信心和自尊。仔細想想孔子一生倡導的「因材施教」教育理念和「多元智慧」似乎有異曲同工之妙。「天生我才必有用」相信在這多元發展的社會裡，我們的孩子都能活出自信和快樂，並綻放出生命的光彩。

沒用的樹？

逍遙遊

莊子

惠子謂莊子曰：「吾有大樹，人謂之樗①。其大本擁腫而不中繩墨②，其小枝卷曲而不中規矩③，立之塗，匠者不顧。今子之言，大而無用，衆所同去④也。」

莊子曰：「子獨不見狸狌⑤乎？卑身而伏，以候敖者⑥；東西跳梁，不辟高下；中於機辟⑦，死於罔罟⑧。今夫斄牛，其大若垂天之雲。此能爲大矣，而不能執鼠。今子有大樹，患其無用，何不樹之於無何有之鄉，廣莫之野，彷徨乎無爲其側，逍遙乎寢臥其下。不夭斤斧⑨，物無害者，無所可用，安所困苦哉！」

---

①樗：樹名。
②繩墨：木匠用來畫直線的工具。
③規矩：木匠用來畫圓的工具叫「規」，用來畫方的工具叫「矩」。
④去：離棄。
⑤狸狌：狸，野貓。狌，黃鼠狼。
⑥敖者：走動的動物，意指雞鼠之類。
⑦機辟：捕獸器。
⑧罔罟：捕獸的網。
⑨不夭斤斧：不被斧頭砍掉。

譯文

惠子對莊子說：「我有一棵大樹，大家都說它是一棵沒有用的樹。因爲它的樹幹臃腫而長滿了結瘤，不符合墨線取直的要求，它的樹枝彎彎曲曲的，不符合畫方圓取材的需要。它站立在大路旁，連路過的木匠都不會看它一眼。現在你的言論就像這棵樹一樣，大而無用，所以大家都不會採信的。」

莊子說：「你有沒有看過那些野貓和黃鼠狼？牠們低著身子趴在地上，等待著那些出遊的小動物，牠們東奔西跑，跳上跳下的到處捕食，可是一旦踏入捕獸器的陷阱，就會死在羅網之中。我們再來看看犛牛，牠的身體像天邊雲彩般的龐大，雖然犛牛不能捕食鼠類，但是卻有很大的能力。如今你有一棵大樹，卻擔憂它沒有用處，而不知如何處理。爲什麼不把這棵樹種在空曠的原野中，那麼，我們就可以隨意的在它的四周圍散步，悠游自在的躺在樹下睡覺。這棵樹不會被斧頭砍掉，也不會受到任何傷害，就是因爲世人認爲它沒有用處，所以才不會惹出禍害，這又有什麼可以難過的呢？」

作者介紹

莊子原名莊周，別字子休，是戰國時代宋國蒙邑（河南省商丘縣）人，莊子約西元前三六九年出生，而死於西元前二八六年，享年約八十三歲，他是戰國時期哲學家也是文學家。他曾經做過「漆園吏」——這是管理漆園的一名小官，後來因爲不願爲官而歸隱鄉野。莊子雖然生活貧困，但是卻擁有非常淵博的學問。生平寫下來的文章，受到後世極高的評價，《莊子》一書更是傳世之作。在他所寫的寓言故事中，運用了許多古代的神話做爲素材，內容神奇難測，變化萬端，其中帶有驚人的想像力，機鋒所到，詭譎離奇，常令讀者愛不釋手。

導讀

聰明的小朋友！看完這篇寓言故事你是不是覺得有些矛盾呢？上一篇的故事中莊子告訴我們要發揮「無用之用」，但是這一篇卻告訴我們「無用」才能免除傷害。其實，莊子是站在不同的角度去闡述他個人的價值觀，「葫蘆」是以使用者的立場來論斷它的價值，而「大樹」是以物體的本身立場來判別。立場不同，看法自然會產生差異，就像購物者都希望買價能便宜些，但是賣東西的商人卻希望賣價能提高些，想法沒有矛盾，只是個人的立場不同而已。

莊子認爲無用的大樹因「無用」，才能免受斧頭之害而淪爲木匠的產物，反而可以在曠野之地自由的成長，也因爲它能自由的長成巨樹，世人才有蔭涼之處可以乘涼。在世俗的價值觀念中，「有用」的東西，往往就變成衆人爭奪掠取的對象，不免會受到傷害。就像孔雀因有美麗的羽毛而被捕捉，虎豹因有斑爛的紋彩而被獵取，所以，「有用」往往就是最先最大的受害者。莊子藉由這個寓言故事鼓勵世人，「人生不如意十常八九」，有時候雖在當下得不到賞識或肯定，但是不要灰心氣餒，也不必怨天尤人，所謂「退一步海闊天空」，同時也告誡生活在掌聲中的人，要存有謙卑之心，不要驕傲自滿，所謂「勝不驕、敗不餒」便是這個意思。

閱讀思考站

1. 莊子認爲「無用」以免遭害，你贊成還是反對呢？請你說一說你自己的想法？
2. 莊子認爲「有用」往往就是最先最大的受害者，你贊成還是反對呢？請你說一說你自己的想法？
3. 以上兩個問題，你能像莊子一樣各舉出一個例子來佐證你的理論嗎？
4. 在大千世界中，你希望生活在什麼樣的理想國裡？請你說一說自己的想法和大家共同分享。

語文加分區

你覺得莊子和柳宗元的寓言故事有什麼相同之處嗎？是的！他們都是把人生的哲理藉由寓言故事闡述出來。莊子利用自然環境及生活意境的景象，運用大千世界的自然法則來澄清世俗的價值觀。主張採取一個逍遙自在和大自然共存的生活態度，引導世人消除形體的外在限制，去除一般世俗的庸俗價值觀，淨化自己的心靈，不要追求權利、名位、功祿等世俗的慾望，羈絆解除了，人與人之間就不會再有相對價值觀念，社會自然和樂安定了。

迷信之害

永某氏之鼠

柳宗元

永有某氏者，畏日①，拘忌異甚②。以爲己生歲值子③，鼠，子神④也。因愛鼠，不畜貓犬，禁僮勿擊鼠。倉廩庖廚⑤悉以恣⑥鼠，不問。由是鼠相告，皆來某氏，飽食而無禍。某氏室無完器，椸⑦無完衣，飲食大率鼠之餘也。晝累累⑧與人兼行，夜則竊嚙⑨斗暴⑩，其聲萬狀，不可以寢。終不厭。數歲，某氏徙居他州。後人來居，鼠爲態如故。其人曰：「是陰類，惡物也，盜暴尤甚，且何以至是乎哉？」假⑪五六貓，闔門⑫，撤瓦⑬，灌穴⑭，購⑮僮羅捕之。

嗚呼！彼以期飽食無禍害爲可恆也哉？

---

①畏日：怕犯忌日。
②拘忌異甚：做事很忌諱。
③值子：正值、正好的意思。
④子神：子年生的正好屬鼠。
⑤庖廚：糧倉廚房。
⑥恣：放任、任意放縱。
⑦椸：衣架。
⑧累累：成群結隊。
⑨嚙：啃咬東西。
⑩斗暴：打架。
⑪假：借。
⑫闔門：關門。
⑬撤瓦：扳開瓦礫。
⑭灌穴：灌水入鼠洞。
⑮購：獎勵、鼓勵的意思。

譯文

永州有個不知姓名的人，非常迷信，很怕犯忌日，凡事都非常忌諱。他認爲自己出生的那年正好是子年，而老鼠恰好是子年的生肖神，因此，非常喜愛老鼠，家裡不但不養貓、狗，也禁止僕人撲打老鼠。倉庫和廚房，全都任憑老鼠慾意糟踏，因而老鼠便互相相告，大家爭先恐後的搬到這個人家裡，吃得飽又沒有災禍，快樂的聚居在此。

從此之後，這個人的房子裡沒有一件完好的器具，衣架上沒有一件完好的衣服，吃的、喝的大都是老鼠糟踏而剩下來的。白天老鼠成群結隊和人一起行走在路上，晚上就偷啃東西互相打架，發出各種可怕的聲音吵得人不能入睡，可是這個人始終不感覺到厭惡。

過了幾年，這個人遷居到別的州居住。屋子換了新主人，可是，老鼠仍然像過去一樣，胡作非爲。新屋主說：「這些在陰暗處活動的壞傢伙，偷東西打架行爲惡劣，竟然猖狂到如此的地步啊！」，於是借來五、六隻貓，然後關上大門，並且撤去屋瓦，用水灌鼠洞，並獎勵僮僕圍捕老鼠。捕殺的老鼠堆得像座小山那麼高，把屍體丟到偏僻的地方，臭氣幾個月後才慢慢消散。

唉！這些老鼠還以爲吃得飽又沒有災禍的日子是可以維持長久的啊！

作者介紹

柳宗元（西元七七三～八一九年）字子厚，唐河東解（ㄒㄧㄝˋ）縣人。爲唐宋古文八大家之一。著有四百多篇古文，是文學史上傑出的現實主義散文家，結合內容和形式看，可分爲論說、傳記、寓言、遊記四大類。他的論說，主要內容表現了他的進步思想和對專制黑暗政治的批判，代表作有《天說》、《封建論》、《非國語》、《捕蛇者說》等。他的山水遊記，是貶官永州後的作品，清新秀美，富有詩情畫意，情景交融，代表作有《永州八記》。寓言作品短小警策，含意深遠，傳記文刻劃精細，形象鮮明。遊記刻劃自然景物，精細入微，借景抒情，新穎獨創，被視爲古代山水遊記中的經典之作；它對晚明的山水小品和清代姚鼐、龔自珍的遊記，有不小的影響。著有《柳河東集》。

導讀

親愛的小朋友！這篇「寓言」故事很精采吧！什麼是「寓言」呢？「寓言」是一種文學體裁，「寓」就是寄託的意思，把深刻的道理和教訓，寄託在簡短生動的故事裡，這樣的文學作品就叫做「寓言」。

聰明的你看完了這篇〈永某氏之鼠〉的寓言故事後，你找出它的「寓意」了嗎？作者柳宗元藉由大家最不喜歡的老鼠來諷刺那些得志的小人，趁著機會任意橫行，雖然能得意於一時，但不可能得意一世，到最後必惹來殺身之禍。在我們生活的周遭也常會發現有這樣行爲的同學，憑藉著師長的疼愛，在背地裡「狐假虎威」欺負同學，甚至於拿著「雞毛當令箭」任意指使別人做事，表面上雖然大家會隱忍不作聲，但是對這樣惡質的行爲，卻嗤之以鼻，這種人就像一隻人人喊打的過街老鼠，得不到同學的認同，久而久之，便成爲班上最不得人緣的人了。

閱讀思考站

1. 請問舊屋主爲什麼那麼愛老鼠？他縱容老鼠，招致什麼後果？
2. 新屋主對老鼠的態度是怎樣的？他採取了甚麼行動？
3. 這些老鼠最後得到什麼後果？
4. 看完這篇故事後你覺得誰該對這件事負責？是舊屋主？是老鼠？還是新主人？
5. 請你找一找有什麼動物可以代替老鼠，重新改寫這篇「寓言」故事？
6. 你知道貓和老鼠爲何是世仇嗎？
7. 中國的童話故事中有很多描寫老鼠的故事，請你找出一篇和同學或家人一起分享吧！

語文加分區

自古以來，動物在中國的社會中和我們有著密不可分的關係，我們會發現在很多的寓言故事中，作者都會把寓意藉由不同的動物特性作比喻或嘲諷，譬如「龜兔賽跑」的故事中，就是藉由烏龜的溫吞緩慢個性，和白兔佼健俐落的動作，做出鮮明的對照來。我們日常生活中與動物有關的辭彙語言也不少，譬如，我們有時候會用「獐頭鼠目」來形容一個長相猥褻，做事不夠光明磊落的人，或是用「抱頭鼠竄」來形容四處奔跑逃竄的狼狽樣子。有些民間歇後語也很有趣，比如「貓哭老鼠」——假慈悲；閩南語有一句「老鼠入牛角」請你猜一猜是什麼歇後語呢？想想看！還有哪些與老鼠相關的辭彙語言呢？

黔之驢

柳宗元

黔①無驢，有好事者船載以入。至則無可用，放之山下。虎見之，尨然大物也，以爲神，避林間窺之。稍出近之，慭慭然莫相知。

他日，驢一鳴，虎大駭遠遁，以爲且噬己也，甚恐。然往來視之，覺無異能者。益習其聲，又近出前後，終不敢搏。稍近益狎，蕩倚衝冒，驢不勝怒，蹄之。虎因喜，計之曰：「技②只此耳。」因跳踉大㘎，斷其喉，盡其肉，乃去。

噫！形之尨也類有德，聲之宏也類有能。向不出其技，虎雖猛，疑畏卒不敢取。今若是焉，悲夫！

黔驢技窮

①黔：今貴州省。
②技：指技能。

譯文

黔——（今貴州省）這個地方沒有驢子，有一個多事的人用船載了一隻去，但是到達後卻發現派不上用場，於是把牠放牧到山下。老虎初次見到這隻形體龐大又毛茸茸的驢子，以爲牠是神，剛開始只敢躲藏樹林裡偷偷地看牠，後來才小心謹愼地靠近牠，但是不敢招惹牠，因爲猜不透牠是什麼東西。

有一天，驢子叫了一聲，老虎大吃一驚，逃得遠遠的，以爲牠要來吃自己，心裡非常的恐懼。後來，又來回看了幾次，覺得驢子並沒有特別的本領，加上又聽慣了牠的叫聲，於是，便漸漸敢走近牠的前後，但是還是不敢捕捉牠。慢慢的老虎敢更靠近牠，對驢子玩弄輕慢，一下子在牠面前跳動戲弄，一下子在牠身旁往返跑動故意挑釁，惹得驢子沉不住怒氣，便用蹄子踢老虎。老虎非常高興，心裡想：「驢子的本領不過如此罷了。」於是便跳上去，狠狠咬斷了牠的咽喉，吃盡了牠的肉，才走了。

唉！驢子形體龐大，看起來像很有威德；聲音宏亮，聽起來像很有才能。如果一開始不自曝其短，老虎雖然兇猛，也會因爲懷疑、畏懼而不敢捉取牠的，結果，導致這般下場，實在可悲呀！

作者介紹

柳宗元（西元七七三～八一九年）字子厚，唐河東解（ㄒㄧㄝˋ）縣人。為唐宋古文八大家之一。著有四百多篇古文，是文學史上傑出的現實主義散文家，結合內容和形式看，可分為論說、傳記、寓言、遊記四大類。他的論說，主要內容表現了他的進步思想和對專制黑暗政治的批判，代表作有《天說》、《封建論》、《非國語》、《捕蛇者說》等。他的山水遊記，是貶官永州後的作品，清新秀美，富有詩情畫意，情景交融，代表作有《永州八記》。寓言作品短小警策，含意深遠，傳記文刻劃精細，形象鮮明。遊記刻劃自然景物，精細入微，借景抒情，新穎獨創，被視為古代山水遊記中的經典之作；它對晚明的山水小品和清代姚鼐、龔自珍的遊記，有不小的影響。著有《柳河東集》。

導讀

這是柳宗元〈三戒〉中的第二篇寓言故事，故事的主角也是運用動物形象化的語言來描述虛有其表的驢子，到最後還是被老虎所吃的悲劇過程。

這個寓言故事，主要的目的是在訓誡人必須要注重眞材實學。虛有其表、沒有眞本領的人，雖然騙得了一時，但是騙不了一世。所以在學習的過程中，一定要一步一腳印，腳踏實地的認眞學習，千萬不可「一暴十寒」或是「虎頭蛇尾」虛應了事。還記得「三隻小豬」的故事嗎?豬大哥和豬二哥就是因爲偷懶，而自食惡果，唯有豬小弟努力認眞蓋出來的水泥房，才能禁得起強敵的考驗。俗話說「一分耕耘、一分收穫」，這眞是千古不變的眞理呀!聰明的小朋友!在求學的歷程中，我們一定要實事求是的用心作學問，與人交往也是如此，要眞心誠意的對待朋友，千萬不可存有害人之心。

閱讀思考站

1. 你能說出這篇寓言故事的大意是什麼嗎?
2. 柳宗元想要藉由〈黔之驢〉告訴世人記取什麼教訓?
3. 如果這隻驢子永遠和老虎保持距離，你想牠的命運會如何?
4. 假設你是那隻驢子，你會如何保護自己不成爲老虎的腹中物?
5. 你可以找出和「黔驢技窮」相關的成語嗎?

語文加分區

「黔驢技窮」這個成語就是出自於這個寓言故事，黔，指的就是現在的貴州省；窮，就是光了、沒了的意思。這句成語含有譏諷和羞辱的意味。諷刺一些身居高位而無德無能的人，和外強中乾的黔驢有何不同？

「黔驢技窮」也可以寫作「黔驢之技」。另有一個成語和它有異曲同工之妙便是「濫竽充數」，「濫竽充數」是比喻沒有真才實學的人，混在行家中充數，或比喻以不好的東西冒充場面，混水摸魚，但是有時也可用於自謙之辭，客套一番。

臨江之麋

柳宗元

臨江①之人，畋②得麋麑③，攜歸畜之。入門，群犬垂涎，揚尾皆來，其人怒撻之。自是日抱就犬，習示之，使勿動，稍使與之戲。積久，犬皆如人意。麋稍大，忘己之麋也；以爲犬良我友，牴觸偃仆益狎。犬畏主人，與之俯仰甚善，然時啖其舌。三年，麋出門外，見外犬在道，甚衆，走欲與爲戲，外犬見而喜且怒，共殺食之，狼藉道上，麋至死不悟。

居安思危

---

①臨江：今江西清江。
②畋：打獵。
③麋麑：幼鹿。

譯文

臨江地方有個人在打獵時捉到一隻小麋鹿，想帶回去餵養。回到家，一進家們，家裡養的一群狗看到小麋鹿都流出口水，翹起尾巴朝小麋鹿跑來。獵人很生氣，大聲喝退那些狗，從此以後，他每天抱著小麋鹿接近狗，希望狗能善待小麋鹿，而且命令狗不准亂動騷擾麋鹿，慢慢的讓狗和小麋鹿嬉戲玩耍。日子久了，狗表面上也都能順從主人的意思，假裝和小麋鹿親近。小麋鹿漸漸長大了，牠已經忘記自己是一隻麋鹿，還以爲狗眞的是自己的好朋友，常常一起翻滾嬉鬧，顯得非常親熱。其實，狗是因爲害怕主人，表面上與麋鹿維持良好關係，但是卻時時舔著舌頭想要吃掉麋鹿。三年過後，有一天麋鹿走出門外，看見外面的路上有成群結隊的野狗，於是麋鹿便跑過去想要和路上的野狗嬉戲玩耍。這一群野狗見了又高興又生氣，便一起把麋鹿咬死吃掉了，麋鹿的皮毛、骨頭散落在路上。牠可能到死也不明白自己怎麼會變成野狗的點心呀！」

作者介紹

柳宗元（西元七七三～八一九年）字子厚，唐河東解（ㄒㄧㄝˋ）縣人。爲唐宋古文八大家之一。著有四百多篇古文，是文學史上傑出的現實主義散文家，結合內容和形式看，可分爲論說、傳記、寓言、遊記四大類。他的論說，主要內容表現了他的進步思想和對專制黑暗政治的批判，代表作有《天說》、《封建論》、《非國語》、《捕蛇者說》等。他的山水遊記，是貶官永州後的作品，清新秀美，富有詩情畫意，情景交融，代表作有《永州八記》。寓言作品短小警策，含意深遠，傳記文刻劃精細，形象鮮明。遊記刻劃自然景物，精細入微，借景抒情，新穎獨創，被視爲古代山水遊記中的經典之作；它對晚明的山水小品和淸代姚鼐、龔自珍的遊記，有不小的影響。著有《柳河東集》。

導讀

聰明的小朋友！看完了這篇故事後，你覺得誰要爲這個結局負責？是那個只顧滿足自己的私慾，而不顧他人死活的主人？還是只顧沉浸在一個歡愉的環境中，完全忘記「居安思危」的麋鹿呢？還是那些只爲塡飽自己的肚皮，而枉顧公平正義的壞野狗？但是，不管你的答案是什麼，悲劇都已經發生了，再去追究是誰該負責任也於事無補，最可憐的是那隻麋鹿，至死都還弄不明白自己爲何而死呢？

麋鹿只是一種動物，牠沒有智慧可以判斷是非，因此，才會任由主人改變牠的本質而迷失了自我，造成不可挽救的悲劇。想一想！在日常生活中，我們是不是也曾做過和故事中的主人一樣的錯事，比如：幫助同學掩飾不對的行爲，而釀成不可挽救的錯誤；因爲太呵護生長中的花朵而灌溉過多的水，造成花朵根部腐爛而死；或是隨意餵食動物園中的動物，而使得牠們腸胃不勝負荷而生病。我們常常自以爲這樣做是一種「愛」的表現，殊不知「愛之是以害之也」，過度的溺愛終會造成不可彌補的憾事。其實，太過優渥安逸的環境，也未必是一件好事，因爲萬一把持不好而養成壞習慣，反而會減少很多成長磨練的機會。「不經一番寒澈骨，焉得梅花撲鼻香」，就是激勵我們在逆境中反而有更好的成長空間，因爲危機也就是轉機的開始。所以，不要貪圖短暫的享樂而喪失了鬥志，要認清自己的本分，做好自己份內的工作，俗語說「靠山山會倒，靠海海會枯」，唯有靠自己才是最眞實的。

閱讀思考站

1. 你會簡略的說明這個寓言故事的內容並和其他同學分享嗎？
2. 〈臨江之麋〉這則寓言故事的寓意是什麼？
3. 你會在周遭發現和「臨江之麋」相同的同學嗎？
4. 對這樣的同學你會如何和他相處呢？如何來勸戒他呢？

語文加分區

居安思危：

春秋時，晉、宋、齊等十二國聯合攻打鄭國，鄭國就向當中實力最強的晉國求和，獲得晉國的同意後，鄭國為了表示感謝，就送晉國大批禮物。晉悼公把禮物分給功臣魏絳，可是魏絳拒絕了禮物，並勸告晉悼公：「書曰：『居安思危。思則有備，有備無患。』」，這就是在提醒世人，即使在和平時期也應居安思危，不可掉以輕心。

「居安思危」近義的成語有：常備不懈、安不忘危、防患未然。

「居安思危」反義的成語有：高枕無憂、及時行樂、刀槍入庫。

賈人

劉基

濟陰①之賈人渡河而亡其舟，棲於浮苴②之上號焉。有漁者以舟往救之，未至，賈人急號曰：「我濟上之巨室③也，能救我予爾百金。」漁者載而升諸陸，則予十金。漁者曰：「向許百金，而今予十金，無乃不可乎。」賈人勃然作色曰：「若漁者也，一日之獲幾何，而驟得十金，猶爲不足乎？」漁者黯然而退④。

他日賈人浮呂梁⑤而下，舟薄於石又覆。而漁者在焉。人曰：「盍救諸？」漁者曰：「是許金而不酬者也。」艤⑥而觀之，遂沒。

①濟陰：今山東河澤、定陶一帶。濟，濟水。陰，水的南面，山的北面。

②浮苴：浮在水面的水草。

③巨室：有錢人。

④黯然而退：失望的離開。

⑤呂梁：今江蘇省銅山縣東南。

⑥艤：把船停靠岸邊。

郁離子曰：「或稱賈人重財輕命，始吾或不信，而今知有之矣。張子房謂漢王曰：『秦將賈人子，可啖了。』抑所謂習與性成者與！此陶朱公之長子所以死其弟也。孟子曰：『故術不可不慎也。』信哉！」

譯文

濟陰有位商人，渡河時不小心而沉了船，情況十分危急，他抓著河中漂浮的枯草大聲呼救。有一位漁夫駕著小船前去救他，商人看到便急忙大喊：「我是濟縣的富翁，你趕快來救我，我會送給你一百兩銀子當作謝金。」於是，漁夫救了他並用船把他載到岸上，結果他卻只給了漁夫十兩銀子。漁夫問他：「你不是親口說救了你，就給我一百兩銀子，爲什麼現在只給十兩，這恐怕不對吧？」商人一聽馬上變臉說：「你只是個捕漁的人，一天能有多少收入？現在一下子得了十兩銀子，還不滿足嗎？」漁夫聽了很不高興地走開了。

過了幾天後，這位商人坐船沿著呂梁河東下，船撞上礁石又沉沒了，上回救他的那位漁夫，正巧又在他沉船的地方捕魚。有人看見漁夫沒有前往救他的意思，便問他：「你怎麼不去救那位溺水的商人呢？」漁夫輕蔑地回答說：「這個商人就是上回那位答應給我百兩銀子，卻又說話不算數的人。」於是，漁夫把船停在岸邊，冷眼看著那位商人在水裡掙扎，然後沉沒在河裡。

郁離子說：「人人都說商人重視財富，而輕視生命，剛開始我還有點不相信，但是現在我終於知道世上眞的有這樣的人。張良對漢王說：『秦國的守將是商人的兒子，可以用金錢來誘惑他。』或許這就是商人的習慣和本性吧！這種貪財輕命的特質正是陶朱公的長子導致他的弟弟最後被殺的原因！孟子說：『選擇職業要非常謹愼小心，因爲它會影響一個人的本性。』就是這個道理吧！」

作者介紹

劉基（西元一三一一？～一三七五年），字伯溫，處州青田縣（今浙江青田縣）人。生長在元朝時代。他幼年就很聰明。十四歲入太學，對於天文、兵法、數術沒有一個不精通的。元文宗至順年間（西元一三三〇？～一三三二年）考上進士，以廉潔正直有名，但卻因此得罪了權貴。因此寫了〈郁離子〉，用寓言來嘲笑諷刺當時政治，之後他就不做官而回到故鄉隱居。等到明太祖想要統一天下時，聽到劉基的事蹟，便重金禮聘五十歲的劉基，劉基寫下了〈時務十八策〉送給明太祖，明太祖大爲嘆服，尊稱他爲老先生，而不叫他的名字，從此對他言聽計從。明朝的開國制度，大多是他和宋濂、李善長等擬定的。明太祖曾經把他比喻爲漢朝的張良。賜封誠意伯，回鄉養老。不過之後明太祖怕其他人奪取他的天下，加上奸臣胡惟庸等又多進讒言，對劉基屢次陷害，說他爭權奪利，劉基此時雖然已經不管朝政，但是個性剛直，常常忤逆皇上的意見，結果就被奪去俸祿，六十五歲去世。有《誠意伯集》二十卷。

導讀

說到劉基，小朋友可能對這個名字感到很陌生，但是如果說起劉伯溫，那就可能有一籮筐說不完的傳奇故事。劉伯溫就像小說家筆下所描述的《三國演義》裡的諸葛亮，是一個未卜先知、能呼風喚雨，充滿神奇智慧的一代軍師。

中國文字是一個很有意涵和思想的文字，人+言=「信」，信就是信用、信實、也就是說話要守信用、做事要盡責任的意思。所以「信」是做人處世的根本，古人說：「無信不立」，不講究信用的人是不能在社會上立足，這個溺水的商人就是不重承諾，而導致自食惡果，送掉了一條寶貴的生命，想一想！這個故事和「狼來了」是不是有相似之處呢？都是在訓誡我們要重承諾，不可隨意說謊。當然，這位見死不救的漁夫，我們也不認同他的行爲，我們不是常說施人恩惠不求回報嗎？何況「救人一命勝造七級浮屠」，怎麼可以眼睜睜的枉顧人命呢？

閱讀思考站

1. 小朋友！如果你是那位商人，在第二次落水後，你會如何尋求救援？
2. 如果你是那位漁夫你會如何做呢？
3. 你對那位漁夫見死不救的行為有何看法？
4. 「人人都說商人重視財富，而輕視生命」你認同這句話嗎？為什麼？說說你個人的觀點。
5. 孟子曰：「故術不可不慎也。」你可以舉例說明嗎？

語文加分區

我國古代有許多講信用的例子。如「季札贈劍」：季札為了遵守「心諾」，把寶劍掛在徐君墓前的樹上，這是君臣之信。范式為了分手時的承諾，不遠千里去赴張紹的約會，這是朋友之信。「曾子殺豬」：曾子為了不欺騙兒子而殺豬，這是父子之信。秦孝公為了得到人民的信任，立了「三丈之木」，這是君民之信。所以小至個人，大至國家，都要講求誠信，古人說「一諾千金」又說「君子一言既出，駟馬難追。」在在都是說明守信的重要。

你曾擁有過什麼珍寶？

良桐

劉基

工之僑①得良桐焉，斫而爲琴，弦而鼓之，金聲而玉應，自以爲天下之美也，獻之太常②。使國工視之，曰：「弗古。」還之。

工之僑以歸，謀諸漆工，作斷紋焉；又謀諸篆工，作古窾焉；匣而埋諸土。期年出之，抱以適市。貴人過而見之，易之以百金。獻諸朝。樂官傳視，皆曰：「稀世之珍也！」

工之僑聞之，嘆曰：「悲哉，世也！豈獨一琴哉？莫不然矣！而不早圖之，其與亡矣。」遂去，入于宕冥之山③，不知其所終。

---

①工之僑：作者虛構的人物。
②太常：掌管朝廷祭祀，禮樂的官署。
③宕冥之山：作者虛構的山名。

譯文

工之僑得到一塊質地很好的桐木，經過砍、削，做成了一把琴。配上琴弦演奏，音調如黃鐘玉磬合奏那般悅耳動聽，工之僑認爲這是天下音質最優美的琴了，於是就把琴獻給了太常。太常派了一位技藝高超的樂師來鑑定這把琴，這位樂師仔細察看後報告太常說：「那不是一把好琴。」於是太常就把琴退還給工之僑。

工之僑把琴帶回去後，就和漆工們商量，他請漆匠在琴面漆出斷裂的紋理；又請雕刻的工匠在琴體上刻出古代的題款，接著把琴裝在箱中然後埋在土裡。一年以後，他把琴取出來，拿到市場上去賣，一位有錢有勢的貴人經過這個市場，用一百金的高價買走這把琴，並轉獻給了太常寺。太常寺的樂工們互相傳看，都讚不絕口地說：「這眞是一件稀世的珍品好琴啊！」

工之僑聽說後，感慨的說：「眞是可悲啊！現今的世俗怎會淪落至此呀！難道只有這一把琴是如此的命運嗎？其實，如今沒有一件事不是這樣的了！我如果不趁早做打算，將會和這個腐敗的社會一起淪亡了。」於是他們離開居住的地方，逃離到宕冥山，人們都不知道他的結局到底怎樣了。

作者介紹

劉基（西元一三一一？～一三七五年），字伯溫，處州青田縣（今浙江青田縣）人。生長在元朝時代。他幼年就很聰明。十四歲入太學，對於天文、兵法、數術沒有一個不精通的。元文宗至順年間（西元一三三〇？～一三三二年）考上進士，以廉潔正直有名，但卻因此得罪了權貴。因此寫了〈郁離子〉，用寓言來嘲笑諷刺當時政治。之後他就不做官而回到故鄉隱居。等到明太祖想要統一天下時，聽到劉基的事蹟，便重金禮聘五十歲的劉基，劉基寫下了〈時務十八策〉送給明太祖，明太祖大為嘆服，尊稱他為老先生，而不叫他的名字，從此對他言聽計從。明朝的開國制度，大多是他和宋濂、李善長等擬定的。明太祖曾經把他比喻為漢朝的張良。賜封誠意伯，回鄉養老。不過之後明太祖怕其他人奪取他的天下，加上奸臣胡惟庸等又多進讒言，對劉基屢次陷害，說他爭權奪利，劉基此時雖然已經不管朝政，但是個性剛直，常常忤逆皇上的意見，結果就被奪去俸祿，六十五歲去世。有《誠意伯集》二十卷。

導讀

莊子的這篇故事取材於現實生活，以簡潔生動的語言敘述了工之僑兩次獻琴而結果不同的故事。工之僑第一次獻琴，琴雖好卻遭到貶抑，被退了回來。第二次獻琴，因為琴經過偽裝，又是由貴人獻上，竟得到極高的評價。相同材質的一把琴，因爲外表不同而產生不同的命運，工之僑爲獻琴之事而心生感慨，太常、國工、貴人、朝官這般人並不看重琴的質量好壞，而只看它古不古，以爲只要有「斷紋」，有泥土，就叫做「古」，眞是盲目到了極點。工之僑從這裡看到了一種普遍性的社會現象，世人往往不重實質而只求表象，琴的事件反映了當時的社會現象，因此他預言元朝將亡，聰明的人應趁早離去。

閱讀思考站

1. 工之僑第一次獻琴爲何被退回來？
2. 請說明工之僑如何整理那把琴，使它成爲稀世之寶？
3. 工之僑最後一句的感慨提示了故事的主題是什麼？

語文加分區

成語樂器行：

1. 一鼓作氣：比喻開始做事時，要集中火力，並全力以赴。
2. 暮鼓晨鐘：比喻使人警悟的言論，像鐘鼓一樣隨時警惕自己。

3. 膠柱鼓瑟：比喻遇事不知變通，冥頑不靈。

4. 繫鈴解鈴：比喻一件事情，需要靠原來做的人來解決。

5. 對牛彈琴：比喻對不明事理的人講道理，對方根本聽不懂，含有輕視鄙薄的意味。

君子愛財，取之有道

蜀賈

劉基

蜀①賈三人，皆賣藥於市。其一人專取良；計入以爲出，不虛價，亦不過取贏；一人良不良皆取焉，其價之賤貴，惟買者之欲，而隨以其良不良應之；一人不取良，惟其多，賣則賤其價，請益②則益之不較③，於是爭趨之，其門之限④，月一易，歲餘而大富。其兼取者趨稍緩，再期亦富。其專取良者，肆日中如宵，旦食而昏不足。

郁離子見而嘆曰：「今之爲士者亦若是夫！昔楚鄙三縣之尹三，其一廉而不獲於上官，其去也無矣僦舟⑤，人皆以爲癡。其一擇可而取之，人不尤其取而稱

---

①蜀：地名，今四川成都一帶。
②益：增加。
③不較：不計較
④門之限：門檻。
⑤僦舟：雇船

其能賢。其一無所不取，以交於上官，子吏卒而賓富民，則不待三年，舉而任諸綱紀之司，雖百姓亦稱其善。不亦怪哉！」

譯文

四川有三個商人，都在市場經營藥材的買賣。第一個商人專收購上等藥材，並根據買進的藥價訂出賣價，從不會多牟取利潤。第二個商人同時買進上等和下等的藥材，如果買藥者願出高價，商人就給他上等的藥材，願意出低價，商人就給他下等的藥材。第三個商人根本不買進上等藥材，只求生意興隆，只要顧客要求他多給些，他就多給，從不計較斤兩，所以大家都爭著買他的藥。由於生意太好，導致門檻每個月都得換一次，一年之後，他就成富豪了。第二個商人二年後也致富了。而那個專買上等藥材的商人，整天生意都很冷清，顧得了早餐，就顧不了晚餐了。

郁離子感嘆的說：「現在當官的也是如此呀！以前楚國邊境有三個縣官，其中一個縣官清廉愛民卻不受上司喜愛。當他離任時，窮得連僱船的錢都沒有，人們都笑他傻。另一個縣官一有機會就大撈一筆，人們不但不責備他，反而稱讚他很能幹。還有一個縣官，他到處搜刮，用搜刮來的錢財巴結上司，把手下的吏卒當作兒子般關心，把富豪當貴賓般款待。結果不到三年，就被上司推薦到主管官吏的吏部去當長官了，就連老百姓也都說他眞是個好人，你想！這不是一件奇怪的事嗎？」

☺作者介紹

劉基（西元一三一一？～一三七五年），字伯溫，處州青田縣（今浙江青田縣）人。生長在元朝時代。他幼年就很聰明。十四歲入太學，對於天文、兵法、數術沒有一個不精通的。元文宗至順年間（西元一三三〇？～一三三二年）考上進士，以廉潔正直有名，但卻因此得罪了權貴。因此寫了〈郁離子〉，用寓言來嘲笑諷刺當時政治。之後他就不做官而回到故鄉隱居。等到明太祖想要統一天下時，聽到劉基的事蹟，便重金禮聘五十歲的劉基，劉基寫下了〈時務十八策〉送給明太祖，明太祖大為嘆服，尊稱他為老先生，而不叫他的名字，從此對他言聽計從。明朝的開國制度，大多是他和宋濂、李善長等擬定的。明太祖曾經把他比喻為漢朝的張良。賜封誠意伯，回鄉養老。不過之後明太祖怕其他人奪取他的天下，加上奸臣胡惟庸等又多進讒言，對劉基屢次陷害，說他爭權奪利，劉基此時雖然已經不管朝政，但是個性剛直，常常忤逆皇上的意見，結果就被奪去俸祿，六十五歲去世。有《誠意伯集》二十卷。

導讀

郁離子以生意人來隱喻掌權的政客，只貪求表像的官場文化，而不能盡心照顧百姓生活。同時，也反應出一般世人貪婪的本性，只貪求物美、價廉、量多，卻沒有考慮到物品的品質及實用性，所以那個專賣劣質藥材的商人，才能在短時間致富。認眞想想！始作蛹者的應該是那些購買的顧客吧！如果不是他們的價値觀偏差，那些唯利是圖的奸商怎會有機可乘？看看現在的社會怪象：海砂屋、病死豬、假藥、漂白雞、黑水滷蛋……等的消息眞是令人怵目驚心，這都是因爲世人的貪小便宜，縱容了那些利慾薰心的奸商，做出一些枉顧人命的勾當，因此，除了在購物前要精挑細選之外，人人都有義務當個「消保官」，共同來抵制或打擊那些違法的商人和商品，一起打造一個眞善美的社會。

民主國家裡人人都是國家的主人，我們要擦亮自己的雙眼，看看哪些人是眞正在爲人民服務？哪些人是利用職權謀取不法利益？在選舉前，要用我們神聖的選票去選出能爲大衆服務的人，這才是國家之福、人民之福了。

閱讀思考站

1. 如果由你選擇，你要做哪一種藥商？為什麼？
2. 如果你是買東西的顧客，你會到哪一種商店去？為什麼？
3. 如果你是一位縣官，你會當哪一種的縣官？為什麼？

語文加分區

我們常常會在商店裡看到「童叟無欺」這四個字，什麼是「童叟無欺」呢？「童」就是小孩，「叟」就是指上了年紀的老人，「童叟無欺」就是不管是小孩或是老人都不會欺騙他們，表現出商家的信實，以吸引顧客。

作・者・介・紹

江美華

國立花蓮師範專科學校、國立台北師範學院。

現任：台北縣新莊市民安國小教師、教育部語文領域深耕種子教師、台北縣國民教育國語文輔導團團員。

吳惠花

國立台北師範學院國民教育研究所〈四十學分班〉、國立台北教育大學語文教育研究所攻讀中。

現任：台北縣鄧公國民小學教師、台北縣國民教育國語文輔導團團員、教育部國民教育司中央課程與教學輔導諮詢教師。

吳淑芳

國立台灣師範大學社會教育研究所〈四十學分班〉、國立台北師範學院輔導教學碩士。

現任：台北縣永和市頂溪國小校長、台北縣國民教育國語文輔導團名集人、國立台北教育大學兼任講師。

忻詩婷

國立新竹師範學院語文教育系、市立台北教育大學應用語言文學研究所碩士攻讀中。

現任：台北縣永和市頂溪國小教師、台北縣國民教育國語文輔導團深耕輔導員、頂溪國小語文領域名集人。

曾曉慧

國立台灣大學中文系畢業、市立台北教育大學應用語言文學研究所碩士攻讀中。

現任：台北縣國民教育國語文輔導團團員、台北縣永福國小教師。

中小學生必讀的國語文

2005年12月初版　　定價：新臺幣280元
2016年3月初版第十刷

著　　者　吳淑芳等
總 編 輯　胡金倫
總 經 理　羅國俊
發 行 人　林載爵

出版者　聯經出版事業股份有限公司
地址　台北市基隆路一段180號4樓
台北聯經書房　台北市新生南路三段94號
電話　(02)23620308
台中分公司　台中市北區崇德路一段198號
暨門市電話　(04)22312023
郵政劃撥帳戶第0100559-3號
郵撥電話　(02)23620308
印刷者　世和印製企業有限公司
總經銷　聯合發行股份有限公司
發行所　新北市新店區寶橋路235巷6弄6號2F
電話　(02)29178022

叢書主編　黃惠鈴
　　　　　陳逸茹
封面設計　陳巧玲

行政院新聞局出版事業登記證局版臺業字第0130號

本書如有缺頁，破損，倒裝請寄回台北聯經書房更換。　ISBN 978-957-08-2948-8 (平裝)
聯經網址 http://www.linkingbooks.com.tw
電子信箱 e-mail:linking@udngroup.com

國家圖書館出版品預行編目資料

中小學生必讀的國語文 /
吳淑芳等著．--初版．--臺北市：聯經．
2005 年（民 94）．288 面；17×23 公分．
ISBN　978-957-08-2948-8(平裝)
[2016年3月初版第十刷]

1.中國語言-讀本　2.九年一貫課程-教學法

523.31　　　94023451